“2014北京榜样”活动启动仪式

“2014北京榜样”颁奖典礼现场

郑丹娜在颁奖典礼现场

陈敏华在颁奖典礼现场

韩冰在颁奖典礼现场

金汉在颁奖典礼现场

金九皋在颁奖典礼现场

廖理纯在颁奖典礼现场

马布里在颁奖典礼现场

闫志国与张胜兰在颁奖典礼现场

张佳鑫在颁奖典礼现场

张鹊鸣在颁奖典礼现场

“夕阳再晨”志愿者在辅导社区老年人使用电脑

“我学榜样做公益”之敬老活动

“我学榜样做公益”之绿化植树志愿活动

“我学榜样做公益”之森林大课堂绿化志愿活动

“我学榜样做公益”之献血志愿活动

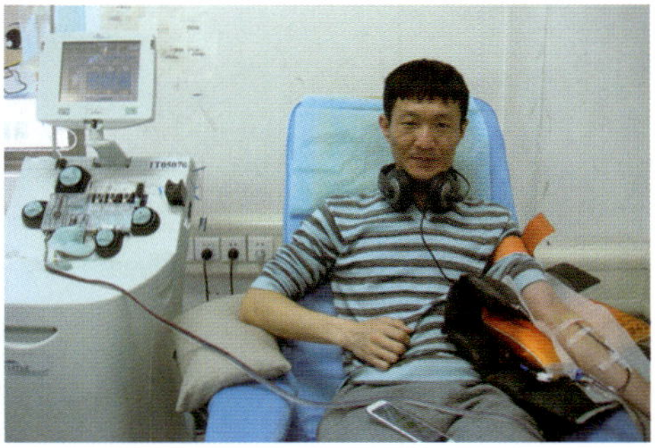

献血中的韩冰

马布里在山区小学参加公益活动

相濡以沫的闫志国夫妇

金九皋与他发明的节水器

郑丹娜与孩子们在一起

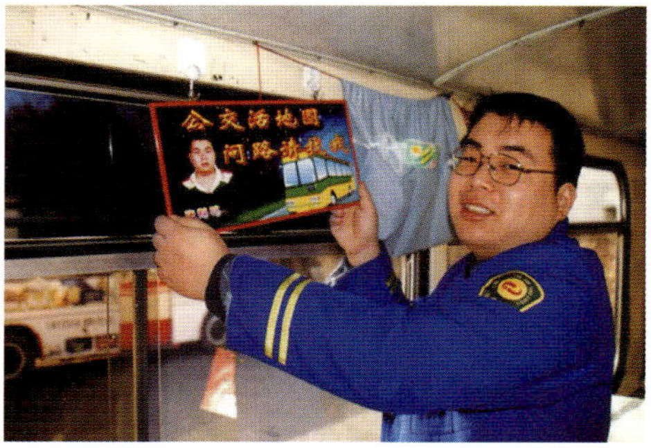

“北京公交活地图”张鹊鸣

张佳鑫荣获“感动海淀”十大文明人物

北京榜样人物系列图书

平凡中的力量

——2014北京榜样人物礼赞

首都精神文明建设委员会办公室 编

扫码听书

北京师范大学出版集团
BEIJING NORMAL UNIVERSITY PUBLISHING GROUP
北京师范大学出版社

北京榜样人物系列图书
丛书编委会

北京榜样人物系列图书
创 作 团 队

罗　英

甘肃酒泉人，笔名文鹰，诗人，儿童文学作家，著名少儿图书编辑，中国作家协会会员，鲁迅文学院高研班学员，曾出席第六届全国青年作家代表大会，作品入选多部中、小学教材。2008 年“冰心文学奖”获得者，出版诗集《居住在我相册里的少女》《树叶的心事》《罗英儿童诗选》，散文诗集《青春絮语》，长篇小说《高一往事》，报告文学作品集《梦想的基石》《高原魂》《云彩的脚步最轻》，主编《〈男孩·女孩〉丛书》《中国当代儿童诗世纪诗丛》《中国当代儿童诗新世纪诗丛》等。2012 年，策划出版的诺贝尔文学奖获得者莫言的作品《聆听宇宙的歌唱》，被评为 2012 年度畅销图书。

张瑞江

硕士研究生。毕业于天津师范大学、装甲兵学院、解放军艺术学院、鲁迅文学院。全国、全军“四五”法制宣传教育先进个人，北京军区优秀旅团主官，多次被评为优秀党委书记、优秀党务工作者等，荣立二等功1次、三等功3次。在《十月》《中国作家》《北京文学》《山花》《长城》《时代文学》《雨花》《昆仑》《解放军文艺》《鸭绿江》《黄河文学》等刊物发表小说，被《小说选刊》《中华文学选刊》等选载。在作家出版社出版《雪土流光》、敦煌文艺出版社出版《无界旅行》。3次获全军文学奖。中国作家协会会员。积极运用报刊等向社会宣传北京市优秀人物先进事迹，讲好北京故事。多次走进养老院、公益中心，对老人、残疾人进行爱心捐助。现在中共北京市委宣传部工作。

刘俊杰

中国作家协会、中国散文学会、中国报告文学学会会员，《兴华文艺》主编，北京兴华鼎盛影视文化传播有限公司总经理、编剧、导演。毕业于首都师范大学中文系。1985年进入北京电影学院学习编导，后调《中国教育报》任编辑、记者、主任记者。曾在国家开放大学、北京广播电视大学、北京民族大学、中国传媒大学任客座教授，现为北京影视艺术家协会会员，北京市写作学会理事、副会长、京南分会会长，作品散见于《中国作家》《人民文学》《报告文学》《北京文学》《中国教育报》等报纸杂志，曾出版长篇历史小说《血染卢沟千古月》《帝国阴谋——一九三七》、报告文学集《没有句号的人生》、中篇小说集《岁月白皮书》等，多篇作品获省部级奖。参与《绿水河畔》等十余部电视、电影的拍摄并获奖。

翟平国

中国报告文学学会会员，中国电力作家协会会员，著有《中国水电兵》《大国治水》等多部专著，作品荣获“中国新闻奖”“中国产经新闻奖”“全国报纸副刊作品奖”“武警文艺奖”等奖项。曾在武警某部服役，先后荣立3次二等功，2次三等功，荣获“全国水利系统先进工作者”称号，现供职于水利部。

序：“北京榜样”——平凡中的力量

作为“北京榜样”主题活动万千参与者、组织者中的普通一员，5 年来我有幸亲眼见证、亲身经历了“北京榜样”汇川成海的历程，也真切体验到了中华民族血管里奔涌流淌的道德基因，感受到了脚下这片京华热土上升腾着的精神伟力。

我们伟大祖国的首都北京，是一座多元、包容的历史文化名城，也是我国和谐宜居的首善之区。走在这座城市的大街小巷，您是否和我一样，能感受到一股子热情开朗、大气开放、积极向上、乐于助人的精气神？这就是社会主义核心价值观在这座城市的具体呈现，是“北京榜样”所代表的首都市民的优秀品质。

“北京榜样，就在我们身旁，没有勋章也一样闪亮，没有光环也温暖四方……”每当我听到《北京榜样》这首歌曲，都非常感慨和自豪。“北京榜样”是首都市民的优秀代表，是美好生活的建设者、创新时代的领跑者、和谐社会的维护者，也是优秀文化的传承者。

为了使社会主义核心价值观融入城市生活，北京市委宣传部、首都文明办创办了“北京榜样”主题活动。自 2014 年以来的 5 年间，我们坚持从街（乡镇）和社区（村）做起，围绕全市中心工作，围绕构建和谐社会“首善之区”选树榜样。全城动员、层层举荐、周周上榜，发掘了一大批可亲可敬、可信可学的先进人物。他们用首都意识、首善标准和无私奉献，书写了新时代首都市民的使命与担当。他们把奋斗精神融于岗位、融于日常、融于人生，用心血和汗水擦亮了“永久奋斗”的初心。

高凤林用手中的焊枪，精细焊接火箭发动机上的每一条焊口，以做到极致、追求卓越的“工匠精神”，对待手中的每一件工作。他用“产品就是人生”的信条，诠释了大国匠心。

在北京，有这样一句响亮的口号，那就是“有困难找柠檬黄”。这“柠檬黄”就是一支由 9 000 多人组成的“公共文明引导员”队伍。无论是数九寒天，还是烈日当头，在路口斑马线、在公交车站、在地铁站台，他们疏导人流，维护秩序，为乘客提供帮助。这个集体荣获“北京榜样”特别奖的时候，我问其中一位金牌引导员：“人们遇到的困难有许多种，你们不可能都能解决呀?”她说：“能解决的我们解决，解决不了的，我们就帮着去找到解决的办法。有了帮助他人的一份心，就能让不可能成为可能。”

是的，有了帮助他人的一份心，就能让不可能成为可能。卖房救母的张博研，是北京青年的榜样。这个小伙子有两大心愿，一个心愿是能治好他母亲的病，“妈妈在，家就在!”另一个心愿则关乎他自己内心的热爱，就是成为一名出色的主持人。可是，显而易见的家庭负担让他拼搏的脚步变得愈加沉重。不能让榜样心凉啊，我和同事们仔细研究方案后，帮助博研联系到了“北京抗癌乐园”，让他的母亲能够得到更多与癌症抗争的勇气和方法。我们还引荐博研拜著名电视主持人为师，帮助他去成就自己的青春梦想。小伙子兴奋的笑脸，让人特别欣慰。赠人玫瑰，手留余香。我们坚信，正能量定能星火燎原。

从第一届评选开始，榜样们身上散发的那种正能量就深深地感染着我们，同时也在激励和鞭策着我们，既激发了我们宣传榜样的责任感与激情，也给了我们做好本职工作的动力。

"北京榜样"都是普通人，他们把自己的梦想和幸福同国家、社会、他人联系在一起，他们来自群众，又回到群众中，去影响和带动更多的人。他们用一簇簇火苗，温暖一座城，点亮新时代！这就是"北京榜样"——平凡中的力量！这就是"北京榜样"——时代的楷模！

伟大的时代，需要伟大精神的引领。一座城市、一个国家的温度与风度，需要众人拾柴；一座城市、一个国家的精神脊梁，需要榜样撑起。2018 年 11 月，中共北京市委印发《关于开展向"北京榜样"优秀群体学习活动的决定》。2019 年 2 月 20 日，中共中央宣传部向全社会发布"北京榜样"优秀群体的先进事迹，授予他们"时代楷模"的称号，这表明他们不仅是首都市民的优秀代表，也是全中国人民的榜样。

榜样的示范作用，似春风化雨，润物无声；似星火燎原，火红势旺。为礼赞"北京榜样"人物，颂扬"北京榜样"精神，引导人们学习优秀榜样群体的价值取向和道德追求，首都文明办组织作家深入实际，深入群众，深入生活，创作了《平凡中的力量——北京榜样人物礼赞》报告文学系列丛书，将争取在未来以每年一册的节奏结集出版。书中作品集中展现了"北京榜样"热爱祖国、奉献首都的家国情怀，服务人民、拼搏为美的奋斗精神，积善成德、诚信友爱的道德追求和乐观开朗、积极向上的优秀品质。他们不是明星，但他们在百姓心中闪亮发光；他们做的是一件件小事，但正因为这些小事平常而真实，才能像阳光般无声无息地温暖四方。他们是普通人，用凡人善举诠释社会主义核心价值观，诠释习近平新时代中国特色社会主义思想的新风尚。这，正是"北京榜样"的生命力之所在。

我们坚信，在实现中华民族伟大复兴中国梦的进程中，"北京榜样"

这个优秀群体一定会不断发展壮大，“学榜样 我行动”的美好风尚一定会在京华大地上经久不衰，当代中国精神必将成为标志时代的鲜明符号，必将闪耀于中华民族历史的灿烂星河！

滕盛萍

（北京市委宣传部副部长、首都文明办主任）

目　录

青春媲美夕阳红

——记用青春守护夕阳红的“90后”助老博士　张佳鑫

刘俊杰

人物简介：

张佳鑫，男，1990年生，北京邮电大学博士。他发起“夕阳再晨”科技助老项目，带领志愿团队走进社区，开展“一对一、一帮一”个性化教学，帮助老年人学会使用电脑、智能手机等电子科技产品，快速融入信息化时代。目前，张佳鑫团队开发的100多讲课程讲义已被复制到全国500余个社区，直接、间接帮助了上百万老人。他还发起“高校正能量联盟”，带动全国100多所高校学子开展科技助老公益活动，用实际行动践行着“90后青年公益”的中国梦。

一、正青春遇上夕阳红

2019年3月中旬，初春的一天傍晚，在北京邮电大学校园内的一间咖啡馆内，不满而立之年的张佳鑫，与笔者谈起自己求学、创业、转行的往事时津津乐道。

“莫道桑榆晚，为霞尚满天。”9年前，我发起成立了一个公益组织，叫“夕阳再晨”，就是想给社区的叔叔阿姨、大爷大妈们讲解手机和电脑该怎么用。

那是我读大四的时候。一天，学校学生处在宿舍公寓楼下面贴的一张公益广告海报，吸引了我的注意，停下脚步一瞧，见到了一则广告语：“寻找改变世界的种子。”这句话挺有意思，因为改变世界对一个大学生来说目标太大了，但若是当个种子，我自认为还是可以的。

眼看大学就要毕业了，想一想大学4年里除了读书求学，我还真没有为社会做过什么事情，没有用自己所学的知识去为身边的人服务，做一点有意义的事。为求学我背井离乡由汉中来到北京，当时与远在千里之外的父母联系，都是用电话、手机，有时怕多花钱也会用QQ，但父母总感觉不太方便。我学的是信息通信技术专业，在我的提议下，宿舍里几个同学一商量，大家准备一起教附近的老年人学电脑。于是，事情就这样决定了，我还给我们的组织起了个好听的名字叫“夕阳再晨”。

想法总是在一瞬间，因为这是灵感的迸发，但是要让项目真正落地，确实也让我们犯了难。作为在校大学生，我们与父母相处的时间都不长。家里有老人的朋友们都知道，要教会老年人学电脑和手机，那可不是一时半会的容易事儿。老人忘性大、记得慢，知识水平良莠不齐，什么文化层次的人都有。第一次活动时，光是“回车”“空格”“删除”这3个简单的动作我们就讲解了半个多小时，还带着练习了10分钟！给老年人讲课，得用打比喻、举例子的方式，讲生动了，老人才能理解。当时，我就在想：如果要把键盘上的功能键的性能都教完，怎么也得花上半年时间。可是我回头一看，只见老人们一个个从布兜里拿出小本，一边听一边在上面又记又画，写得密密麻麻的，有些不好写的字就画圈，一笔一画都十分认真。当时我特别感动，就暗暗发誓：冲着老人们学习的这股认真劲儿，再难我也要把他们教会了。

当天晚上回到宿舍后，我们几个同学就商议，要努力制作一个简单易学的程序，让老人们回家也能练习。由此，我们开发了老年人学电脑教材讲义，然后在半年之内手把手地把教材讲义教给了老人。

不仅教与学存在着困难，作为自发的学生组织，我们要做公益事业本身就困难重重。为了筹集经费以保证活动的持续性，我们卖过雪糕，卖过明信片，还派发过洗发水。我们都没有经商的经验，起初站在路边暗影处吆喝已经勉为其难，对于进学生宿舍派发洗发水，就更抹不开面子，而且一盒才赚一角钱，这对我们这些缺乏经验、脸皮薄的大学生来说，真的是天大的难事。

但是，为了创业我们还是挎上布兜，装上洗发水，挨个寝室去发。我们整整扫楼梯、爬楼道一个月，一共派发了 15 000 盒洗发水，赚了 1 500 元，淘到了所谓的“第一桶金”。过程很艰难，可我们终究有钱制作横幅和海报了。

为筹集活动经费，我们还组织志愿者卖过明信片。记得那天下着大雨，正值毕业季，男生都去社区搞活动了，只留下了两位瘦弱的女生。她们从活动中心搬了两张大桌子到操场上，暑期天气闷热，身上的汗水、雨水都混到了一起。她们支起一把伞，在伞上贴了一张 A4 纸，上面写着“明信片义卖，一元钱一张”，就这样轮流举了一整天，胳膊举酸了，嗓子也喊哑了。当我们回来的时候，大家都震惊了，桌上的明信片全都卖完了，换来了几百元的活动经费。大家心里都知道，再难也要把这个活动坚持下去，因为社区里还有期盼着我们的老人。这就是我们当时真实的想法，毫不夸张。

蓟门里社区是我们志愿者服务时间最长的社区，那里的老人跟我是最亲的，因为整整 3 年里，每周六的上午 9 点，我都会在那里跟老人们有一个秘密的“约会”，每次大概 2～3 小时。这些社区老人，我把他们当成亲人一样看待。他们不只是我们的学员，有的现在已经成了社区的小老师，可以教授其他老人学电脑了。他们现在学的已不只是开机、关机、复制、粘贴这些简单的电脑操作了，而是更加贴近生活的技能，比如，怎样在网上预约挂号，如何在 ATM 机取款，如何使用各种便民自助缴费终端缴纳水电费、燃气费、手机费，等等，有些老人都用上美图秀秀、绘声绘影和 Photoshop 了。

但是，老人们在学习电脑的过程中也是历经坎坷，不是一帆风顺的。记得有一次我讲到了QQ视频聊天，当我讲完了所有的技术细节之后，坐在角落里的靳阿姨突然哭了起来。当时我有些慌了，是我哪里讲得不好吗，还是勾起了老人的伤心事？

讲完课后，看到教室里的人快走光了，我走到靳阿姨身边，蹲下来扶着她的肩膀问她："靳阿姨您怎么了？是不是哪里不舒服？"阿姨摇摇头，猫下腰来轻声对我说："佳鑫，3年多了，我终于见到在国外的孙子了。"原来，靳阿姨家里早就有电脑了，但是因为不会用，一直没联网，当我们教会她使用视频聊天之后，她终于能和在德国的孙子视频聊天了。

就是这位可爱的靳阿姨，在快过年的时候，突然给我打来了一个电话，执意让我到她家吃饺子。盛情难却，当天晚上，我和一个同学拎着一些水果到了靳阿姨家。靳阿姨开门看见我们拎着水果就说："你要拿着水果来你就别进门。"我说："靳阿姨，这不是我的一点心意嘛。"于是，靳阿姨没有再坚持，连忙让我们进屋。这时我们才发现，靳阿姨早已给我们准备了一份更大的惊喜。

屋内不只有靳阿姨一个人，还坐着附近社区的几位老人，马琴叔叔、靳兰珍阿姨和孙秀岩阿姨。桌上还摆着他们各自从家中给我们带来的一份亲手做的拿手好菜，有红烧肉、饺子，甚至还给我们端来了热气腾腾的火锅。当天晚上，我们这些忘年交聊得特别开心。靳阿姨握着我的手说："这么多年很少有人像你们一样，手把手地教我们学电脑。是你们帮助我们学会了这么多生活中的实用技能，你们真的比我们的亲人还亲呢。你知道吗？我们退休后就没有领过证书了，当时在社区，你们志愿者发的这些小红证书，我们可是当宝贝一样都收着呢。你说让我们当社区的老教师，我们一定努力做到，成立老党员先锋队，为社区其他的老人服务。你说好不好？"

我连连点头，内心激动不已。临走的时候，靳阿姨又把我叫到了旁边，特别神秘地说要送给我一件礼物，然后转头去了另外一个房间，回来时给我递过来一幅亲手绣的十字绣，还是拿框裱好的。收到这幅160厘米高的十字绣时，是我生命历程中的第二个本命年。十字绣上用红线绣着："佳鑫，你永远是我们心中发光的小太阳。"虽然字有些歪歪扭扭，但是在我的青春驿站里，它却无比的亮堂，因为这是对我做志愿服务最大的肯定。

我一看背面，刺绣的针眼密密麻麻的，可见一针一线阿姨都绣得十分认真。我握着靳阿姨的手时才发现，上面都已经磨出了茧子。此刻，我感动得热泪盈眶。从这一针一线里，我看到了老一辈对青年一代寄予的厚望！

毋庸讳言，现代社会，青年人学习紧、工作忙，压力山大，能够自己支配的时间和精力不多，更容易忽略对这些古稀、耄耋老人的陪伴。因此，我们更应该肩负起自己的责任和担当，用我们力所能及的行动，施爱于那些年迈的长者。

2020年，我国60岁及以上人口数量达到2.6亿，银发浪潮正在滚滚而来。对于我们这些远离家乡，在异地求学的学子，如何陪伴我们的父母？如何教会他们应用一些与生活相关的高科技信息技术？在我看来，最好的办法是在各地成立各种公益组织，吸纳千千万万的志愿者，打破家庭、单位的藩篱，以社区为纽带，就近服务各地的老人。老人们昔日打江山、建江山，到了年老体衰的阶段，是最应该坐在家里享受各种O2O服务的人群。

而且，随着互联网和信息技术的发展，各种社会骗局也层出不穷，老年人是最易上当受骗的对象之一。我们大学生，作为具有社会责任感、懂知识也懂技术的新时代青年，如果能对他们进行指导，可以尽可能避免他们受骗。我想这或许就是"夕阳再晨"能够快速发展的原因。

目前，"夕阳再晨"服务的不仅是北京的老人，上海、湖南、黑龙江、四川、山东等多个省市都有了我们的志愿服务团队。仅北京市已经有36所高校的志愿者队伍用上了我们的教材和光盘，他们每周要走19个街道，为50～60个社区的老人们讲课。

当正青春遇上夕阳红，一个个有爱的故事就这样慢慢发生了。所谓“相知无远近，万里尚为邻”，当一群在外地求学的大学生，在北京与一群像亲人一样的大爷大妈们开展教和学互动的时候，其实受益的，不仅是年迈的老年人，还有我们自己。我们终于有机会用自己的能力，去为我们身边的老人做点具体的、有意义的事了。

青春的故事有很多种写法，我想我的应该是里头最为精彩的一笔，因为这里面有爱，有温暖，有一群年轻的志愿者，还有一群银发苍苍，但也是同样年轻的老年人。

二、争做“改变世界的种子”

初春的夕阳，透过咖啡馆的玻璃窗，照到张佳鑫的脸上。笔者发现，这是一张还没有完全褪去稚气的青春靓丽的脸庞。咖啡馆里的人络绎不绝，有的在喝茶，有的在品咖啡，有的在聊天；有的激动，有的落寂，有的甜蜜……张佳鑫没有被周围的环境影响，他的思绪独自徜徉在另外一个时空内。他犀利的目光扫了窗外的夕阳一眼，转头问笔者：“您是不是和很多人一样，好奇我这样的“90后”博士，为什么不去挣大钱，而是愿意和助老扶残联系在一起？”

笔者闻言一动，点点头，一脸希冀地看着他，期待他继续讲下去。

此前，我曾作为志愿者参加过国庆60周年大阅兵，也曾在打工子弟学校为孩子们上英语课，并通过收集塑料瓶等方式，攒钱为孩子们买文具……应该说，我这片适宜“改变世界的种子”成长的志愿精神土壤并不贫瘠。其实，志愿服务就是我脑海中大学精神的一个符号，是大学生服务社会最闪亮的名片。

“夕阳再晨”志愿服务活动的开展，起初并不顺利，整整两个月的暑期，没有一个社区愿意接纳我们，因为他们认为大学生做公益就像蜻蜓点水，到哪儿都是点个卯儿就飞走了，不会长久。可我们没有放弃，一直在寻觅。终于，海淀区羊坊店街道有色设计院社区同意接纳我们的活动。当时，我们真的非常激动，我和几名同学从学校骑了一个多小时自行车，来到社区，把活动通知贴到了各个单元的楼洞里。周末，我们提着瓜子、水果，满怀期待地推开了社区活动室的大门。熟料，那场面真是相当的震惊……

“结果如何？”笔者插言。

出乎预料，结果与期待大相径庭，一个人都没来！我们这群毛头小伙子，这时候就感到有点尴尬了。我们只好拿着海报在路上“抓人”，逢人就问“能不能进来学一会儿电脑？”这期间有一位阿姨在门口驻足，我们就像看到了希望的曙光，不停地给阿姨介绍活动内容，阿姨最后说办点事就回来。结果，一直到活动结束，她也没再出现，真是“假客气碰到了真实在”。那天下午，进出活动室的总共不过5个人，但都是来看其他画展的。最后，我们自费准备的水果剩余了好多，无奈之下只好都送给了看门的老大爷。

这是一次落寞的经历。回来之后，我们就总结经验教训，并很快设计了调查问卷，以了解老人们想要学什么，希望怎么学。对于什么是显卡，计算机的组成有哪些……这些问题老人们完全不感兴趣，他们真正想学的是短平快的实用技能。比如，怎么从网上下载音乐，怎么用学习机监督孙子的学习，怎么用银行卡从ATM机里取钱而不会被吞卡等。

在随后的几周时间里，我们背水一战，不仅准备了很多小节目，如弹吉他、写书法等才艺表演来吸引老年人参与，还将课程内容精简到了最实用的5讲，包括怎样在网上预约挂号，如何在线缴纳水电费等。同时，配合文艺联欢活动等形式进行宣讲。由于形式多样，内容灵活实用，方法得当，且能够在短时间内让参与听课的老人听得懂，我们的活动受到了越来越多老年人的欢迎。

事实上，要真的教会老人们使用电脑和手机，可不是一时半会儿的事。于是我们开发了13讲的教材讲义，用“手把手，一帮一”的教授方式让老人们在互联网时代的大道上快步走了起来。

我记得王立英阿姨第一次在QQ上聊天，给对方发出第一句“在吗”

并收到回复时，她高兴地描绘说“兴奋得脚丫子都翘到天上去了”。马勤老先生说，社区里只要这些大学生一来，活动室准爆满。70多岁的孙玉欣老人，原来是个网盲，经过培训，现在也可以自如地在网上预约挂号了。每当看到老人们学会一项技能后开心得像个孩子的时候，我们感觉一切的付出都是值得的，他们白发苍苍、一脸沟壑的笑脸背后，不仅仅因为学会了知识，更因为我们这些年轻人的陪伴让他们感到了家人般的温暖。

一个社区突破成功，我和志愿者们就开始寻找第二个、第三个社区。为了把这项助老活动延续下去，我们团队想方设法地筹措活动经费，尽管多处碰壁、受挫，可我们仍硬着头皮坚持。

万事开头难，随着大家对“夕阳再晨”服务方式和内容的认可，“科技助老”被复制到全国500余个社区，直接、间接帮助老人达上百万人，我们积累了100多讲课程讲义，出版了《夕阳再晨老年教育系列图书》，包括《爸妈微信e时代》《手机里的大世界》《助老志愿服务工作方法》三本，总字数达37.8万字。有了这套教材和讲义，志愿者团队只要按照教材授课，就能又快又好地教会老人上网冲浪，避免走弯路。

世上无难事，只怕有心人。就这样，许许多多的老人，在“夕阳再晨”公益组织志愿团队的辅导下，学会了用Flash制作PPT，制作翩翩飞舞的蝴蝶，并配上蝶恋花的诗词，用课件的形式教孙子读古诗词；有的老人还学会了使用美拍相机和制作电子相册，将旅游的照片制成电子相册，通过朋友圈展示给自己远在异国他乡的子女；有的老人学会了用视频聊天，通过视频和远在海外的家人聊天。

互联网时代的到来，改变了人们的生活方式，而由此带来的“信息落差”和“知识分割”，让我国60岁以上老人与社会之间出现了一道看不见的“数字鸿沟”。回首我们的公益经历，科技助老只是“夕阳再晨”的一个切入点与组成部分。我们将不断用多种方式丰富课程内容，同时，“夕阳再晨”将坚持进行有温度的助老服务，不仅单纯以技术为导向，而是要聚集千千万万老人，形成一个个社群，达到“参与式的学习，守望式的互助”，避免这些老人被甩下时代的列车，成为被现代生活边缘化的“弃儿”。

回眸“夕阳再晨”的发展道路，在风霜雨雪中不断砥砺前行的实践中，我们感悟到，年轻人能有机会用自身所学为老年人做点有意义的事，报效祖国，报效人民，将理想追求变成现实，才是幸福的。

就像那位靳阿姨，近些年身体不太好，当我把“夕阳再晨”的宣传曲放给她听时，老人在病床上伸出拇指赞道“好听”！填平年龄的鸿沟，一个个有情有爱的故事，在现代社会生活的帷幕下，正在默默地发生着。

中华民族文化源远流长，崇尚孝道，老吾老以及人之老，幼吾幼以及人之幼，薪火传承，是传统美德。我们庆幸有一群年轻的志愿者，有着先进的社会制度，还有一群银发苍苍，但是同样好学上进，人老心不老的老年人，他们让我们的社会充满了爱和温暖。

三、最美风景，青春伴夕阳

为了做好服务花甲老人这项公益事业，我还去考取了社会工作者职业水平证书，成为了一名“社工”。这个看似普通的“社工”称号，其实并不好考，我连考了两年才通过。”

说起这些往事，张佳鑫一脸虔诚，十分坦然，看得出他的内心此时平静如水。

如今，9个年头过去了，张佳鑫以一名中共党员、党委书记的身份，担任北京市“夕阳再晨”社会工作服务中心主任，同时兼任共青团北京市委员会候补委员、中国志愿服务联合会常务理事、中国青年志愿者协会兼理论研究会副秘书长、北京市社工服务机构第三联合党委书记等职。这些年来，他先后荣获“中国好人榜”助人为乐身边好人、“2014北京榜样”、首都道德模范、第六届全国道德模范提名奖、第31届北京青年五四奖章、首都精神文明建设奖、北京高校优秀共产党员、第十届中国青年志愿者优秀个人等荣誉，被授予北京市首批五星级志愿者、“时代楷模”称号。

“夕阳再晨”公益品牌自2011年起创立，已搭建起覆盖29个城市、超越百万余名老人的服务平台，带动北京、上海等地100所高校志愿者组织、上万名志愿者加入，服务覆盖全国500多个社区，帮助百万余名老年人快速融入信息化社会。“夕阳再晨”作为唯一的高校公益团队，还远赴上海、南京等地参展老龄产业博览会，并得到北京市政府购买服务。日积月累，“夕阳再晨”已为老年人量身定制了一系列课堂讲义、教学光盘及Flash教学动画，易懂、实用，且契合老年人的需求，深受老年人喜爱。“夕阳再晨蓟门新语”社区服务站被评为首批首都学雷锋志愿服务示范站。

9年来，张佳鑫投身志愿者服务，并以实际行动践行着“用青春陪伴夕阳，用生命影响生命”的时代誓言，成为北京市首批“五星级志愿者”，带领“夕阳再晨”公益项目荣获“全国敬老文明号”“中国青年志愿服务项目大赛全国金奖”“四个100”全国最佳志愿服务项目等荣誉，得到《人民日报》、中央广播电视总台等全国千余家媒体的报道。毫不夸张地说，张佳鑫和他引领的当代青年志愿团队，在志愿服务中，与时俱进，不断增长服务本领和才干，不断创新，拓展新的服务范围和领域，成为当代青年志愿者的实践先锋！

初次与张佳鑫接触和交谈，就能感受到他那火一样的激情。熟悉张佳鑫的人都知道，无论对学习还是对生活，他都会倾心付出，全心奉献，并将自己服务的老人当作亲人般对待。一路走来，虽说屡次受挫，却没有泯灭自己的斗志，反而越挫越勇，在失败中不断总结经验和教训，和核心团队一起联系社区，通过义卖和与企业合作等多种方式，保证了活动的持续性。9年来，他在“夕阳再晨”项目中累计工作时间达上万小时。从教授花甲老人使用电脑、智能手机到预约挂号、网上购物，从最初的13讲讲义到现在的100多讲课程讲义、8套教学套餐，张佳鑫和他的团队还出版了《夕阳再晨老年教育系列图书》，获得十大志愿服务顶级专家的推荐；研究开发了《预防诈骗》《生活辟谣》等全国首套针对老年人的“情景漫画＋实践案例”口袋丛书；承接教育部“银龄发展工程”，组织近百场活动，直接服务老干部上千人次。

9年里，寒来暑往，他每周服务教育部、文化和旅游部、广电总局和中国科协离退休老干部，风雨无阻，并以优异的服务质量得到了离退休干部局的高度评价。

他担任中国志愿服务联合会常务理事、中国青年志愿者协会兼理论研究会副秘书长，率领团队打造了老年教育大数据云服务平台，通过线上“老年教育”视频的形式，致力于打通老年教育的“最后一公里”，现已录制数百讲课程，涵盖科技、教育、文化、生活等方方面面，真正实现了“让每个社区都有老年大学”！相关研究成果荣获团中央“社会主义核心价值观与青年志愿者行动”主题征文一等奖、第九届高校校园文化建设优秀成果特等奖。

他创立的“‘夕阳再晨’互联网＋志愿服务”模式，得到了社会的广泛认可，帮助了百万余名老年人，成为中国青年志愿服务中规模最大、最具系统、最具专业性的助老志愿服务组织，得到央视“福寿中国”重阳专题报道，以及《人民日报》、CCTV新闻联播、央视网、首都文明网、北京电视台、《北京晚报》和《中国大学生》杂志等全国百余家媒体的上万次报道。

“青年人追求梦想，要同祖国的发展同频共振。”张佳鑫说得郑重，“志愿服务是育人的大课堂”。他带领“夕阳再晨”团队，9年来践行志愿服务，通过专业化的服务促进社会治理创新。他还利用大数据技术，首创志愿服务领域活跃度及可视化系统，极大提升了志愿服务的活跃度；建立起“高校覆盖社区”的管理体系，并为志愿服务团队提供专业培训。2016年与2019年，他两次代表大陆青年志愿者赴台湾地区交流，为两岸青年传承血脉亲情、增进友谊互信，发挥了积极作用。

“志愿者事业要同‘两个一百年’奋斗目标、同建设社会主义现代化国家同行。”张佳鑫牢记习近平总书记的重要讲话精神，带领青年志愿者积极开展“五大青年行动”服务社区。

在延庆区，围绕“世园会”和“2022冬奥会”，他协助完成延庆区志愿服务组织孵化中心运营体系顶层设计；在海淀区、东城区、西城区，他率领团队积极探索“街巷吹哨、部门报到”向社区延伸的“社区创生”营造方法，引导社区社会组织健康有序发展；该项目荣获2018北京市海淀区社区社会组织孵化示范基地和“四个100”全国最佳志愿服务项目。

在服务社区老人的过程中，张佳鑫被离休干部、老党员任士荣的故事深深打动，他利用周末和节假日，和青年党员一起走访调研，收集东城区景山街道的“红色文化”，帮助该街道形成了别具特色的“红色基因库”；服务海淀区花园路街道一年来，已培育街道社会组织达71家，全部完成登记备案工作，他还借助社区老党员力量，搭建社区自治平台，提升居民的参与感、归属感和幸福感。

一分耕耘，一分收获，由于张佳鑫在社区志愿服务和党建工作的长期专业实践，他被任命为北京市社工服务机构第三联合党委书记，负责北京市70家社工机构的日常党建工作。作为全市非公党建领域最年轻的“90后”党委书记，张佳鑫感到肩上的责任更大了。“心中有阳光，脚下就有力量，为了理想能坚持、不懈怠，才能创造无愧于时代的人生。”他的事迹感动了许多素不相识的老人，老人们发自内心地为张佳鑫送去衷心的祝福和更高的期望。诗人何云春填词《满庭芳·赞优秀党员志愿者张佳鑫》：

“日去星来，霞升山远，万木苍翠幽深。校园宁静，邀紫燕飞纷。学子长空寄梦，多行善，志愿情真。踏晨露，闻声破晓，挥墨写青春。担当，天下事，无分贵贱，岂论卑尊。挽手连心语，释放温馨。碧水秋风荡漾，助民众，满目清新。夕阳好，人生尽享，望月举金樽。”

谈起社工的责任，张佳鑫改编了一首诗，名为《社工是什么》，完美传递了他的青春理想和社会责任感。

社工是什么

当我第一次叩开你的门扉，

我曾彷徨无措，

于是，我问过，
社工是什么？

滔滔海浪说，社工是走在海滩上不忘把海星送回大海的那一个；
沉沉黑夜说，社工为黑夜归家的游子留了盏城市温暖的灯火。
娓娓歌声说，社工的心愿是“人人献出一点爱，世界变成美好人间”。
纯纯微笑说，社工的希望是“歌声飞遍海角天涯，微笑是遍野春花”。

于是啊，
我的心被这歌声与微笑激荡，步伐被这心愿与希望催促，
我摸索、前行，用眼睛寻找着沙中海星，用心去点燃夜中灯火。

每一个生命并不注定完满，
但每一个生命都有获得幸福的权利。
他们曾揩起无助儿童的眼泪，
他们曾抚慰孤独老人的落寞。
他们曾奔走于山间田野的苦难，
他们曾穿行于都市丛林的困惑。

每一个生命所选择的空间不一定广大，
但每一个生命都有自由飞翔的权利。
他们是倾听孩子心中小小秘密的大哥哥，
他们是帮助少年解决心中困惑的小老师，
他们是给老人们带去欢乐的儿女，
他们是发现并研究社会问题的学生。
变换着的，是他们不同的身份角色，
而永远不变的，却是社工的理念——助人自助的执着！

于是，我惊叹，
社工是什么？

一位位老师说，
社工是一群怀着悲悯之心、创造人们最大幸福的行者，

一页页书册说，
社工是一泓发现社会问题、营造社会正气风尚的清波。

在历史的今天，回望脚下走过的路，
我们说，社工——
用心丈量世界，收集着苦与乐；
用耳倾听人间，谱写着悲与歌；
用眼看透纷繁，分辨着明与暗；
用爱维护生命，守护着你和我。

现在我是社工的一员，
骄傲与自豪在我血脉深处汹涌喷薄。

于是啊，我承诺，
社工是什么，

社工是今天的我们，
为了脱贫攻坚践行精准帮扶的行动而冲锋跋涉；
社工是明天的我们，
为了温暖世界唤起对生命价值的体认而耕耘忘我。

用心去体察世界，在别人的需要上看见自己的责任，
用生命去影响生命，一往无前的付出是我们无悔奉献的品格！

何惧冷风，不过江水美如画，
何唤莺鸣，只把碧草含作沙。
辈出英雄，化为青松立自拔，
中国社工，追梦征程意风发。

四、不忘初心，牢记青年学习的目的

张佳鑫睿智的脑海里，总是难以忘却一个画面：一个夜晚，一幅海报……改变了他的命运和“三观”。那句富有鼓动性、激励性、启发性的

诗一样的语言“寻找改变世界的种子”，也一直萦绕在他脑海里。

成立“夕阳再晨”公益服务团队，做出这个决定时，他首先想到了自己相濡以沫的姥姥。父母作为工程技术人员，响应祖国号召，在三线工程的城市工作，工作忙离家远，无法照顾家里，年迈的姥姥对他的照顾，温暖了他的童年。尽管姥姥是个没上过什么学的农村妇女，读过的书大概只有《三字经》，但她勤俭持家，待人谦和，手工缝纫做得特别好。在他看来，“老人们有许许多多的人生哲学、处世经验，都值得我们年轻一代好好学习”。

如今，已到耄耋之年的姥姥关心张佳鑫的方式就是经常打电话给在数千千米之外的他，她的口头禅就是问：“有没有吃饭啊？”来到北京上学后，张佳鑫不禁感叹：姥姥他们那一代人，也曾是社会的中流砥柱，但限于他们的文化水平和社会生活环境，许多现代化的便利设施、高科技信息技术对他们并无实际作用，反而让他们产生了恐惧感和距离感。作为年轻人，一定要趁还来得及的时候，尽可能地帮助老一代尽快融入现代社会，使他们感受现代社会的飞速发展，享受现代科技给生活带来的便利。

“大众创业、万众创新”的浪潮，激励着“夕阳再晨”团队不断前进。张佳鑫觉得自己很幸运，当初那颗“改变世界的种子”不仅收获了老人们的深度认可，还因此获得了诸多奖项。张佳鑫特别感激自己助老公益生涯中的第一个奖项——“感动海淀”十大文明人物。在他看来，千里之行，始于足下，这是重要的一个节点。“我们挺幸运的，那么多青年在做公益服务，而我们却能够被主办方关注到，正是在他们的支持下，才有了后来这么多的可能性。”

在不断为老人服务的过程中，张佳鑫不断完善自己，从科技助老到温情科学养老，每一步都迈得坚实。“夕阳再晨”的温情科学养老目标与北京市民政局提出的“酒店集团”形式连锁经营社区养老驿站的思路不谋而合。通过政府无偿提供设施、服务商低偿运营的方式，目前全市已建成运营259个养老驿站，年内计划达到350家。

在张佳鑫看来，这一政府结合市场设计的社区养老新思路，对于解决老龄化社会养老问题大有裨益。但是，他认为这个新思路的落实要真正全面得到老人的信任与接纳，离不开公益这只手的推动与配合。尽管目前“夕阳再晨”已经开始与养老驿站洽谈相关合作，但张佳鑫还是感叹自己“成长得太慢了，没办法一下子承载那么多养老驿站的服务”。

张佳鑫将动员更多社会力量参与养老服务这件事当作“夕阳再晨”与他自己的使命。在扎实做公益的同时，他也将学业兼顾得很好。如今，他已经博士毕业并留校任教，主要研究方向是物联网。他说，以后迟早要创业，推动以物联网等技术为基础的智能家居、智慧城市发展，使得这些新兴技术的成果能够真正提升老年人的生活质量。“我们不仅要看到社会存在的问题是什么，更要尽力用自己的专业技能柔性地去解决这些社会问题。”张佳鑫意味深长地说，“总有一天我们也会老去，关心现在的他们，就是关心今后的自己。”

俗话说，是种子就要生根、发芽、开花、结果。张佳鑫在英国留学的日子里，把“夕阳再晨”的组织结构和精神也带到了异国他乡。他在英国大学陌生的环境里，组织了留学生社会公益组织，坚持为学校附近的华裔老人服务，辅导他们学会使用手机上网、打字、传输图片、QQ 聊天、微信支付各种费用，既为老人们解决了高科技飞速发展的现代社会生活中遇到的障碍，也让身在异国他乡的华人同胞感受到了孝道、温情和祖国的关怀。

2015 年，习近平主席访问英国，张佳鑫组织留学生、华侨、华人志愿者，打着横幅到机场和沿途道路表示欢迎，受到了我国外交部、驻英大使馆的称赞和表扬。他还把这种志愿者活动复制到欧洲各国，以提高我国的声誉和知名度，加强与世界各国人民的情感沟通。他的博士学位论文没有因为公益服务活动受到影响，而是提前通过论文答辩，拿到学位证书。张佳鑫出色的社会活动组织才能，引来许多国际大公司纷纷邀请他加盟，并许以高薪。但张佳鑫深知鱼儿离不开水，瓜儿离不开秧，自己生存的土地在东方，事业在祖国，毅然放弃各种优越的工作环境和丰厚的年薪，提前回到祖国，加入北京基层社会公益志愿者的队伍。

在网上简单搜索，你会发现“夕阳再晨”很有名气：上过新闻联播，得到过国家领导人点名表扬，获得过无数奖项……那么，这家机构到底有什么不同之处呢？

对于志愿者来说，因为老年人的人生阅历丰富，在志愿服务的过程中，通过与老年人的接触，他们能够获得很多为人处世的道理、人生经验，而这也为他们自身的学习和成长提供了很多帮助。对老年人来说，“夕阳再晨”的志愿服务以老年人自身的参与感为第一宗旨，充分考虑到社会发展趋势，通过教老年人使用简单的电子设备，以丰富多样的活动帮助老年人融入信息化社会，消除孤独感。

张佳鑫表示，他们现在更加注重丰富志愿服务的种类，每到一个社区，团队都会为社区老人建立微信群和 QQ 群，为他们搭建一个线上交流的平台；同时，他们会引导老年人根据兴趣、特长等建立不同的兴趣小组和服务队，让老年人能够互帮互助，参与到社区治理中。除此之外，团队也会结合高校的专业特色，开展小而精的服务。比如，以母亲节、重阳节、端午节等大型节日为契机，在社区开展文艺娱乐活动。他们还开发了更多新奇好玩的课程，如滴滴打车、美颜相机、电子相册等，帮助老年人充分享受科技带来的便捷。

目前，“夕阳再晨”正在编写新版教材，章节设置更加人性化且图文并茂，加入了很多专门针对老年人的新奇好玩又实用的小功能、科技妙招等。此外，他们还在筹备自己的官方网站和微信公众号。通过官网实现对外展示、服务队和社区管理等功能；公众号则能让老年人在线上学习最新的教学课程，同时还具备相应的健康管理、娱乐等实用功能。

在他看来，公益是一件助推社会进步、造福社会的好事，他们在帮助他人的同时也能让自己感到快乐。张佳鑫表示：“公益自身有着显著的特点，就是多元化、包容性。做项目的时候，我们能认识各行各业的人，他们来自政府机关、企业、媒体、基金会、行业协会、高校等，他们身上充满了正能量，能够给你很多反馈和支持，推着你向前。而这一些，也促进了团队和我的成长。”

青年富于梦想，热情高，闯劲足，是社会发展的财富；老年人经验多，阅历就是财富。说起这些，张佳鑫滔滔不绝：“回首这些年的经历，我自我评价：不但富于理想，敢于实践，还是一个青年诗人。”说着，他从背包里摸出自己刚刚出版的诗集《致你》递给笔者。笔者翻开一页，轻声吟诵：

今年我二十五岁

——张佳鑫

今年我二十五岁
这个如花的春季
歌声飘飞田间乡里
把酒欢歌记忆往昔

今年我二十五岁
这个如诗的夏季
孩童烂漫门前嬉戏
咿呀学语爱的甜蜜

今年我二十五岁
这个如风的秋季
灯火通明拼搏进取
攻坚跋涉终成大器

今年我二十五岁
这个如梦的冬季
膝下承欢神采奕奕
夕阳再晨老有所依

今年我二十五岁
这个志愿的春季
发挥光热同伴有你

青春永葆志愿永续

正所谓“诗言志”，张佳鑫，这位博士“社工”，以浅显易懂的诗句，表达了自己的人生理念，实在难得、可贵！

五、社工服务，撬动社会发展的杠杆

老龄化社会的到来给国家和社会的发展提出了新的课题。面对不以人的意志为转移、滚滚而来的老年社会浪潮，张佳鑫数年前就已开展热心服务老年人的志愿行动，不能不说有着未雨绸缪的远见。难怪连中央电视台《焦点访谈》这样的黄金档节目也对其事迹予以专题报道。

2018 年 8 月 26 日，张佳鑫入选 2017 福布斯中国“30U30”精英榜，标题是：滚烫公益心，锻造最美夕阳红。该精英榜采访的都是杰出青年代表，向大众特别是新一代青年传递“全球化视野、青年化视角”的理念，鼓励青年参与可持续发展，培养国际视野，推动跨代际对话和行动。

张佳鑫作为“夕阳再晨”公益助老品牌创始人，还是北京青年五四奖章和第六届全国道德模范提名奖获得者。由于通过科技手段解决了居家养老最后一公里问题，“夕阳再晨”获得了“全国敬老文明号”、北京市“最美义工”榜样团体等多项荣誉。创立于 2011 年的“夕阳再晨”，如今已成为一个公益集团、公益性品牌服务的集成者。其下分部门多元化、板块化，除了公益服务的传统助老项目之外，还有提供信息化社会管理的专业社会服务机构，以及未来会重点推广的、面向大众的商业课程。

科技助老，让生活更美好。“夕阳再晨”主要面向社区 85 岁以下有学习能力和一定身体条件的活力老人，在社区的公共服务中心或居委会活动室开展服务，活动最初是教会老人学会最简单的信息通信技术，如电脑使用、网络连接、视频上传等，满足了老年人与亲人朋友进行网络交流的强烈需求，大大提升了老年人在网络社会的适应性。除此之外，给老人以温暖和陪伴是“夕阳再晨”的又一理念，通过陪伴化解老人远离子女的孤独落寞感。“夕阳再晨”成立之初，国内社会提供养老教育、养老科技方面的制度化平台尚处于空白。随着公益活动逐渐覆盖多个社区、街道，“夕阳再晨”逐渐成为一个公益品牌，开发出形式各样的助老课程。

“我们已经运用科技的方法帮助他们，包括开发微信公众号（‘夕阳再晨’公益云）和学习内容，开发 Flash 动画和网络小视频。”张佳鑫谈道。“夕阳再晨”的教学设置分为几种模式：第一种是由社区社工组织老人，“夕阳再晨”直接向社区老人提供教学服务；第二种是推广标准化教学教材，受众面向居委会和国企、央企老人。与社区社工服务中心的助老服务不同的是，“夕阳再晨”倡导“陪伴式、应用式的教学服务”，关心的是生活中打车能不能及时地叫到，挂号能不能连上网络，以及支付的时候，能不能像年轻人一样，大大方方地坐在柜台前面掏出手机支付等问题。“夕阳再晨”要让老人更加有尊严地、高质量地生活。

自我造血，推动项目可持续发展，是“夕阳再晨”公益项目能够取得长久发展的关键。“夕阳再晨”公益团队目前有骨干志愿者 15 位，下设研究培训部、宣传部、活动策划部等，提供直接服务的志愿者来自各高校志愿者服务队，并逐渐扩展到部分初中和高中。如今“夕阳再晨”已经有了 100 支高校服务队，覆盖 29 个城市，平均每周服务老人数千人次。面对如此大的受众群体，如何集中人力、物力持续为老年人提供高效优质的公益服务，成为“夕阳再晨”必须面对的问题。

张佳鑫表示，“夕阳再晨”主要通过三个层面实现自我造血。一是通过社会工作方式承接政府服务，帮助政府做社区组织孵化、老年志愿服务的培育、义工联课程的设计梳理，并开展相关党建创新实践、社区文化服务活动等，获得一定资金支持，以支持公益活动。目前，每年通过承接政府服务项目可以投入 25 万元用于公益服务。二是集中社会力量筹办基金会支持公益项目。“这会有点困难，目前我们仍在找合适的捐赠人，然后让他们成立启动资金。”三是进行科技类的尝试，借助北京邮电大学前沿的信息科技平台，打造大数据网络，通过提供商业化的信息科技服务来支持公益服务。

道阻且长，行则将至。9年磨一剑，“夕阳再晨”早已走上了规模化、专业化的公益服务道路。而张佳鑫认为，组织目前仍然面临着来自管理、模式、筹款和信息技术商业化等方面的挑战。

首先，集团内部还需要更多优秀的中层管理人才，需要进一步提升干部的管理和实践能力。其次，需要打造一套帮助不同类型老人的公益服务模式，将服务细分化、专业化，通过与教育学专家和科研院所合作设计验证可以推广的教学设计和教学方案，全面提升受众群体的自我效能感。最后，要打造年轻化的品牌。“我要让品牌成为一个更加受年轻人喜欢的公益组织，需要品牌策划把它做得更好玩、更酷，这样才能获得更多的社会影响力和关注度。”张佳鑫说道。除此之外，“夕阳再晨”的科技和信息化投入正处于初步阶段，把理论变成发挥商业价值的产品仍需要较长的时间。“不过……”张佳鑫话锋一转，“今后还想发一颗卫星做远程教育，卫星的商用化是未来社会的趋势，如果把这个应用于养老领域，做老人定位服务、防止老人走丢、远程教育服务等，都有非常好的前景。”

六、国情与养老事业的前瞻性

中国已经成为世界上老年人口最多的国家，也是人口老龄化发展速度最快的国家之一。必须根据国情，在党建引领下，探索养老服务事业的发展。谈起这些，张佳鑫更加显示出敏捷的思维和与众不同的见解：一方面他希望这个品牌做得很大，另一方面他又觉得公益也可以是小而美的。他认为，作为社会组织，一定要在党的引领下提供社会服务，从直接提供服务慢慢扩展到孵化创新性项目的品牌。

“夕阳再晨”通过创新实验室给创新性助老服务项目直接提供经费和技术支持，通过“橙就未来”实验室，关注到更加细分的助老服务需求，通过设立高校讲师团架起高校青年服务老人的桥梁，一步一步探索，一点一点积累，为老服务的专业化模式在全国范围内具有一定的推广意义。

在谈及社会组织与政府的关系时，张佳鑫觉得二者不是甲乙双方的合约关系，在中国特色社会主义制度背景下，社会组织的成长一定要契合党政工作的服务要点。社会组织的发展只有坚持党的领导，紧密结合政府中心工作的同时发挥专业优势和社会化平台资源，才能实现公益理想，避免社会组织的软弱性，才能作为一个参与共建、共治、共享的组织去推动社会进步。

在谈到自己即将步入而立之年时，张佳鑫满怀深情地寄语："青年应和祖国发展同频共振，我们最大的背景是这个时代，这是个呼唤青年担当、有所作为的时代，青年要将个人奋斗自觉融入国家发展中，要在实践中锻炼真本领，获得真知识，让青春更有意义。"

网上有很多关于张佳鑫的报道，作为"夕阳再晨"的创始人，他被贴上"工科学霸""助老博士"等多种标签。撕下标签，他是一位非典型理科生，喜欢听广播、写诗和朗诵，外面的世界纷扰喧嚣，他的内心沉稳安静。他思路清晰，逻辑严谨，笔者一个接一个问题地提问，他有条不紊地回答，声音如清水滴在石板上，干净清脆。

他对于社会组织和政府之间关系的深刻分析就像给笔者之前固化的思想体系扒开了一道新的"口子"。思维缜密的张佳鑫在下一盘很大的棋，组织的前景和构想环环相连、层层嵌套，我只是如实地记录下这一切，没有给予过多价值判断和评价，借用柴静在《看见》中写的一句话："这个人不需要为他抒情，他的行为就是他的力量。"

谈起未来的人生之路和理想追求，他为日后的发展规划了几步棋。

第一步，探索社区建设的"135N"东升模式，即建立1个社区服务支持网络；打造"青春伴夕阳""橙小子部落""非遗文化进社区"3大社区品牌，带动全社区各年龄层人群参与，在持续的活动互动中形成社群；培育孵化出橙心青少年社团志愿服务队、科技助老银发志愿服务队、夕阳英语志愿俱乐部、亲子读书志愿汇、橙宝贝志愿部落5支社区自组织，引导社区组织健康有序发展；充分调动多元主体参与，为社区建设提供 N 项服务。

第二步，筹建延庆区志愿服务组织孵化中心，进行运营体系顶层设计，提升志愿服务能力建设、搭建社会组织及志愿服务队伍交流展示平台，承担全区社会组织及志愿服务信息聚合发布、资源配置体系建设、培育孵化体系管理和志愿服务标准制定等职能任务，为全区社会组织、志愿服务培育孵化提供专业支持，推动精神文明建设与志愿服务管理系统化、规范化。

第三步，拓展花园路地区社会组织服务平台。根据花园路街道实情与居民需求，以花园路地区社会组织孵化基地为中心，以培育、孵化地区志愿者队伍为抓手，打造六大组织："花团锦簇"文化志愿服务队、"花之蕾"青少年志愿服务队、"花之韵"老年服务队、花园路企业志愿服务联盟、社会治安志愿者联盟、高校志愿服务联盟。并衍生出 N 种服务，增强社会治理合力，创新社会服务管理。

他追求的人生目标是："'夕阳再晨'最闪亮。你看我长大，我陪你变老。"

在大众创业、万众创新的热潮中，张佳鑫率领的"夕阳再晨"以科技创业带动居家养老产业，成为青年公益创业的领跑者。之所以叫"夕阳再晨"，张佳鑫称，"盛年不重来，一日难再晨。我们希望老年朋友在我们的帮助下能成为再晨的夕阳，散发出青春的光彩。英文名字是'see young'，刚好也和'夕阳'同音。"

在北京市志愿者联合会的支持下，北京市"夕阳再晨"科技助老志愿服务总队成立了，作为北京市第一支专业化的科技助老志愿服务团队，依托云技术打造了"科技助老公益云"概念，包括"精准多元的云服务""合理高效的云孵化""科技助老的云联动""资源整合的云聚集"四个方面。

第一，精准多元的云服务。组织大学生志愿者带着电脑走进社区，通过科技大讲堂和一对一教学相结合的方式，教授老年人学习电子科技产品的基本使用，以及网上购物、网上挂号、手机拍照、微信聊天、建立微信群等技能。拓宽交流渠道，为老人搭建方便沟通的桥梁，摆脱空巢老人的孤独落寞感。结合高校的专业特色开展小而精的特色志愿服务活动，并以大型节日如母亲节、重阳节、端午节等为契机，鼓励多支服务队联合开展大规模的志愿服务活动，让老人们感受到温暖。

第二，合理高效的云孵化。制定了一套标准的课程内容，包括《计算机基础知识》教程和课程光盘。完整的教学体系、完善的项目管理规范以及相关资源的对接，促进了高校志愿服务项目的整合，帮助高校建立规范的"夕阳再晨"志愿服务队。成立专项工作组，负责搭建志愿者的培训与评估体系，内容包括为志愿者开展基础科技助老服务培训，建立科技助老星级志愿者的评定体系、"夕阳再晨"讲师培训及等级认定体系等。完善服务队的孵化机制，进一步完善服务队的评优，信息统计与管理，相关活动材料、服装的配发以及资金和媒体报道的支持等方面的孵化机制，保障"夕阳再晨"服务队的服务水平并加强了自身与服务队之间的联系。编写新版的"夕阳再晨"科技助老教材，利用更加丰富的教学形式结合当下流行的科技内容继续提高专业化程度。

第三，科技助老的云联动。联动政府、社区、高校等多方资源，与高校签订战略合作协议，建立标准化的服务队管理手册，举办交流沙龙，进行专业的讲师和志愿者培训。与社区和街道建立志愿服务基地，设立社区班组长制度，并培育社区自身的社会组织，让已经学会基本电脑知识的老年人成立"夕阳再晨银发服务队"，继续发挥他们的光和热。

第四，资源整合的云聚集。聚集已有的资源，成为一个有自我造血功能的社会组织。积极参与对外交流和合作活动，与北京市慈善义工协会合作，共同组织大型活动，也积极开展与其他组织机构的合作，拓宽"夕阳再晨"的服务范围。同时，与工信部等国家部委开展合作，将"夕阳再晨"的服务带到国家部委的离退休干部当中去，利用专业化的科技助老体系服务离退休干部，并将其作为社会组织自我造血的模式复制推广。

七、以梦为马，以爱为道

从一名大学生成长为一位公益事业的领导者，张佳鑫说，自己收获了很多，“整个项目的成长是蛮快的，我的成长也是蛮快的。我的成长既包括管理能力的成长，也包括心理的飞速成长。在管理能力上，我们从一个什么项目都没做过的草根团队，到后来每周开会梳理项目的运作和节点，开始有了 project 的概念，开始执行、安排任务，协调团队人际关系和外界资源，这对我个人而言是很大的进步。还有，做公益的特点就是多元化、很包容。做公益项目的时候，我们认识了各行各业有正能量的人，他们会给我很多反馈和支持，推着我向前。在心理上，老人有很多的人生智慧和处世哲学，会让我更了解自己，凡事莫忘初心，就不会迷失方向。”

谈及参加全球创业周中国站的初衷，张佳鑫坦言：“首先是为了能够认识更多优秀的创业者，并了解他们的项目，和他们进行交流，找到我们的项目中的不足，和我的小伙伴们一起研究，取长补短，让我们的项目越来越好，让老年人得到更好的服务；其次就是把我们的项目展示给他们，希望号召更多人加入“夕阳再晨”，共同为老年人的幸福生活保驾护航。”

言及自己的创业项目之所以能在众多参赛项目中脱颖而出，张佳鑫觉得是时代造就了自己。而关于创业，张佳鑫说：“大学生创业作为目前解决就业困难和大学生实现自我人生价值的一个途径，得到了政府和社会各界人士的肯定和鼓励。大学生与外界社会接触少，社会经验缺乏，这些不足导致大学生在选择创业时存在一定的误区。创业需要的是冷静、理智、平和的心态，而不是狂热的冲动。”他表示，今后“夕阳再晨”将加大服务队伍的建设与管理，发展更多服务队与服务社区，将“夕阳再晨”老年人科普计划推向全国，让更多老年人受益。

对于未来的老年人公益事业，他认为，对老年人的精神陪伴与关怀是很重要的一个点，也是值得研究的。“居家养老和社区养老将会成为今后养老的发展趋势，通过日托型养老，早上上班将老人送到养老院里，让老人们相互交流，开展丰富多彩的活动，晚上再接回家，不耽误子女上班，可能是今后的选择模式。”

在追求事业的道路上，张佳鑫犹如执鞭前行的一匹骏马，从来不敢懈怠。他像一匹驰向朝阳彼岸的战马，负重前行，志在千里。

“争做现代社会创新的推动者”是张佳鑫常说的一句话，他在发展“夕阳再晨”公益项目的过程中，发现高校公益社团在发展时存在圈子小、资源少、缺乏组织能力与宣传渠道等瓶颈问题。为此，他利用发起“夕阳再晨”公益项目的成功经验，为各高校公益组织提供了一个“自我组织、自我管理、自我学习和自我成长”的“高校正能量联盟”平台，以激发社会青年公益组织的活力。截至目前，“高校正能量联盟”已覆盖清华大学、北京大学、北京邮电大学、中山大学、中国人民大学、华东理工大学、西南民族大学等全国 19 个省市 100 多所高校的 200 多个公益团体。

2014 年，张佳鑫组织“夕阳再晨”动员了 12 所高校青年志愿者协会在海淀区 16 个路口开展为期一个月的“正青春 益起行——高校路口文明引导大型公益活动”，每天有 100 多名志愿者在路口进行文明引导，以自身行动倡导行人做文明有礼北京人，超过 5 000 人次志愿者上岗，累计志愿服务时长超过 8 000 小时，为近 50 万名市民提供了志愿服务。活动线上宣传平台获得浏览及转发量共计 4 万余次，引起了社会各界人士的广泛关注。

此外，张佳鑫又组织“高校正能量联盟”的大学生志愿者在颐和园景区东门举行“智慧海淀文明旅游公益行”活动，通过向游客发放宣传册、在横幅上签名的方式，以大学生志愿者青春健康的形象宣传旅游中的文明礼仪和行为，以提高游客的文明意识。

张佳鑫还带领“高校正能量联盟”志愿者在社区开展“文明小屋”“一平米小菜园”公益体验活动，引导志愿者和社区居民一起参与，互爱互助，共同发展。“一平米小菜园”项目共运行 35 个社区，覆盖 7 000 多个家庭，受益社区群众达 3 万人。目前，所有种植蔬菜均已达到可食用状态。通过共同参与活动，共同交流种植心得，社区氛围也变得更加和谐。该项目还荣获“首都学雷锋志愿服务示范站”称号。

“高校正能量联盟”公益项目在全国“创青春”大赛中荣获金奖，并在北京市海淀区文明办的指导下，注册为“北京市海淀区文明志愿者协会”，为更多高校青年志愿者提供了“抱团取暖、资源对接”的平台，以弘扬高校正能量，做社会创新的推动者。

“学习不忘公益，公益不忘学习。”张佳鑫品学兼优，读博期间发表的论文被国际顶级 SCI 及 EI 检索收录，并获得了博士研究生国家奖学金等诸多奖项。课堂外，他利用自己所学绿色通信专业特长向社区居民普及基站及手机辐射安全知识，并作为大学生代表积极倡导和推动“蓝天行动”。雅安地震后，张佳鑫第一时间奔赴灾区，与当地红十字救援队一起发放救灾物资，慰问当地受灾学校。张佳鑫认为公益无小事，校园里，他积极加入学校学生处公寓中心学生宿管会，用公益理念服务同学，耐心讲解灭火器的使用知识并积极推广绿色校园理念。

从小学支教到社区科普，从参加国庆群众游行方阵到赴港访英学习社会企业公益创业模式，一步步走来，张佳鑫在学习和生活中，时刻体现着一个共产党员的先进性。张佳鑫表示，他将一如既往地推动“90 后青年公益”中国梦，带动更多的大学生在着眼社会问题的同时，更能想到如何用自己的力量发动周围的人，来缓解和解决这些社会问题，为祖国和人民贡献自己的力量。

2020 年 5 月，张佳鑫当选北京市志愿服务联合会常务理事；7 月，他获评全国学雷锋志愿服务“四个 100”先进典型暨疫情防控最美志愿者。夕阳再晨，灼灼其华；青年公益，不负韶华。张佳鑫在尽自己的努力，带动更多青年成为“改变世界的种子”，成为推动社会创新的中坚力量！

华灯初上，咖啡馆内依然人来人往。大千世界，芸芸众生，追求各异。笔者作为银发长者，庆幸社会上有张佳鑫这样的一代青年志愿者，关注银发人的生存，让养老无忧；更庆幸赶上了这样伟大的时代，使青年一代人才辈出。

采访结束，我们相约走出咖啡馆，春风习习，星光满天。哪颗是我？笔者不知。哪颗是张佳鑫，笔者也说不出。但据老人讲，天上那颗最亮的星，必将代表着为人类繁衍、为社会发展做出巨大贡献的人。

我们期待着，繁星满天，光耀中华！

戏里戏外皆英雄

——记见义勇为之青年演员　金汉

刘俊杰

人物简介：

金汉，男，1989 年生，北京人民艺术剧院青年演员。2014 年 4 月 14 日晚，他和女友在东城区史家胡同路遇母女被抢劫，他奋勇踢倒歹徒，夺回被抢女包。后被另一歹徒刺伤，身中 8 刀，刀口离颈部大动脉仅 5 厘米，急救时肩膀、手腕和头部共缝合 10 针。负伤 8 天后，他坚持带伤登台演出。他用实际行动诠释了“先做人后演戏，做好人演好戏”的人艺精神。

一、偶然的抉择，彰显着人生的正义理念

2019 年初春的一个下午，笔者驱车来到北京市东城区美术馆后街，一个被称为“77 文化产业园”的院落，但几经交涉，保安还是不让进门。在车位难寻的街道上，又转了三四圈，好不容易才找到一个停车位，待把一切安顿好，匆匆赶到青年演员金汉正在排练的剧场时，已然过了约定见面时间一个小时。

初见金汉，只见他身材高大魁梧，比笔者这个一米八的北方大汉，还要高半头。气宇轩昂的他眉宇间透着一股青年人少有的凛然正气。可能出于职业习惯，金汉的衣着既时髦又现代。白衬衫、杏黄色外套，不仅显得挺拔、魁伟，还散发着满满的青春活力。“排戏太紧张，请不下来假，如果我一个人缺席排练，可能整个剧组都要停下来，弄不好就会影响整个演出。没办法，只能忙里偷闲，在排戏的间隙请假，接待您的采访。”他一边抱歉地说，一边在楼道里，寻找着适合采访座谈的地方。

实情确实如此。于是，在这个没有茶水，没有沙发的地下一层楼道间简陋的过道内，笔者对眼前的这个大男孩开始了采访。

戏如人生，人生如戏。谈起自己的人生经历，金汉开始还有些腼腆。“我从中戏毕业进入北京人艺 6 年了，最近的戏份才多了起来，前不久，我还出演了《茶馆》里的二德子，好戏连台。一个演员，要耐得住寂寞，守得住清贫。现在社会上，一些人急功近利，有些急躁。就像戏剧家协会主席濮存昕曾经说的，有些演员几年没有太好的登台机会，眼中就没有光了。”金汉显然不是，他眼中不仅有光，而且充满着向往和希望，还用眼里的光照亮了深夜里遭遇劫匪的一对母女，照亮了身边的每一个人。

对于 5 年前的惊魂时刻，时至今日，金汉记忆犹新。2014 年 4 月 14 日晚，北京的天气已经很暖和了，很多年轻人换上了轻薄的衣衫。“我那天挺清闲的，为了显摆刚买的一件厚厚的皮夹克，晚上就约了女朋友。不瞒你说，这可是我花了 1 000 多元买的，年轻嘛，晚上穿着新衣服，还不就想嘚瑟一下。”30 岁的金汉眯起眼睛笑嘻嘻地说。

笔者也随之一笑，“爱美之心，人皆有之”，金汉也不例外。当晚，他和女友正准备去剧院排练话剧《吴王金戈越王剑》，他在戏里出演一位英雄好汉。走到史家胡同时，金汉忽然听到附近一名女子的高声呼喊：“抓小偷！”他扭头一看，蒙蒙夜色中，一名男子正拿着抢来的白色女包，沿街道一路狂奔，向着他这个方向跑来，而且离他越来越近。事发突然，令人猝不及防。金汉一下子热血沸腾，毫不犹豫地冲上去，一脚将男子踹倒。歹徒还没反应过来，他已经如猛虎一样扑上去，一把将其死死摁在地上，夺回了女包。

恰在这时，又一突发情况出现了。金汉万万没料到，旁边的暗影中突然冲出一个人。金汉回忆说："刚开始，我还以为他是好心人，要来帮我一起抓坏人呢，但很快我就发现情况不对。"突然出现的陌生人先是装作去抓地上的歹徒，后来竟绕到金汉身后，用铁片猛扎金汉的头部、肩膀，一旁的女友吓傻了，不知所措地拼命又哭又喊。

被人偷袭的金汉气坏了。事发突然，多亏他穿着那件新买来的厚皮夹克，身体才没有受到过多的伤害，只是脖子、脸、头部多处被扎。负伤后金汉出于自卫本能，只得放开歹徒。两名歹徒趁机跑出胡同，消失在夜色中。金汉顾不上身上的伤口，挣扎着追了出去，但女友和两位被抢的女士，看到路灯光下的他满头是血，手臂也在流血，甚至连白球鞋都被鲜血染红了，便立刻制止了他，恳求他赶紧去医院包扎。

一开始金汉还未在意，不顾身上的伤就要去追。女友情急，在后面高喊："别追了，你身上都是血，咱们赶快去医院吧。"金汉这才停下来，借助身旁的汽车玻璃照了照，不禁吓了一跳：只见自己满头满脸都是血，身上的血还在一点点往外渗，染透了大半个背心，牛皮外套也被划出了一道道长短不一的大口子。

这时，胡同口驶来一辆出租车，司机一看有人受伤，赶忙停了下来。车上的两名乘客看到路边等车的金汉满身是血，伤得十分严重，主动下车，让司机赶紧送金汉去附近的协和医院救治。富有正义感的出租车司机来不及多想，顾不得此处让不让掉头，是不是违章，来了一个紧急掉头，一路急奔，把负伤的金汉和女友送到了附近的协和医院。

到了协和医院急诊科，大夫对金汉进行紧急救治和检查，跟在一旁的女友吓坏了，一直在流泪。这时，两位被抢的女士也匆匆赶来。原来她们是一对母女，见出租车开走，她们便赶紧报警，并一直与出租车司机联系，随后也来到了医院，还主动提出要支付医药费，但被金汉和女友婉言谢绝了。

北京人民艺术剧院的领导们闻讯后，放下手里的工作，先后赶到医院看望受伤的金汉。看到领导前来慰问，满脸是血的金汉正在缝针，但他却轻描淡写地说："没事儿，就是擦破点儿皮，不耽误演戏。"经医生检查后发现，金汉共被划伤8处，其中肩伤最为严重，刀口距颈部大动脉只有5厘米左右，十分危险。最终，大夫根据伤情，在他的左肩膀缝了7针，手腕缝了2针，头部缝了1针。

消息传出，附近不少朋友都到医院看望金汉，这么重的伤情把前来看望的朋友吓得不轻，金汉反倒开玩笑地说："可惜呀，我这件新买的皮夹克毁了。"有人问他："现在回过头来想想，有没有觉得害怕？再说你是一个演员，要是这脸受伤了，也就演不成戏了。"金汉答道："现在想想，确实有点儿害怕。不过下次再看到这样的事，我还会冲上去，毕竟抢劫发生在自己眼前，不帮的话，心里过不去。"

孝顺的金汉害怕父母担心，一直瞒着父母，事发两天，他也没敢跟父母提这件事，直到第三天，他才拨通了妈妈的电话："妈，前几天我看到胡同里有人抢包。"

"然后呢，你上去帮忙了？"妈妈问。

"嗯，我上去帮忙了，受了点小伤。"金汉忐忑地说，又赶忙解释，"缝了几针，不过已经没什么事儿了。"

电话那头，妈妈沉默了，足有10秒钟后，妈妈才声音颤抖地说道："怎么会这样呢？你知不知道，稍不留意就会有生命危险？"说着说着，电话那头的妈妈哭了起来，金汉能感觉出妈妈吓坏了。

一周后的4月22日，《吴王金戈越王剑》正式在北京人艺剧院首演。当天，金汉的伤口虽未痊愈，但他还是找到导演，要求登台演出。他十分珍惜这样宝贵的演出机会，不愿多日排练的成果毁于一旦。一开始领导不同意，见他反复恳求，一脸的认真劲儿，领导不忍心打击他的积极性，反复确认没有什么危险后，才同意了金汉的请求。

于是，金汉带伤登台演出。"当时脑袋拿纱布包着，还缝着线，就戴上了假头套。我演的那个武士有铠甲，为了避开伤口，剧组还专门为我把肩带给做窄了”。在剧中，金汉饰演一名勇士——越王勾践的贴身侍卫伯武。勾践伐吴，伯武之弟仲耕为国捐躯。面对弟弟的遗体，伯武既骄傲又难过。金汉在表演这一段时，念诵了大段独白，感情充沛，极富感染力。

因为是古装戏，上台前金汉忍着疼痛戴好头套。站在舞台上，因为士兵的盔甲不透气，时间久了，金汉出了许多汗，豆大的汗珠一滴滴顺着额头流下来，模糊了他的视线。背对观众时，金汉对身旁的演员悄悄说：“帮我擦一下，汗太多，我快看不清楚了。”对方看到他脸上的汗水吓了一跳，一边帮他擦汗，一边关切地询问他身体有没有问题，需不需要休息。金汉坚定地摇摇头，目光坚毅。演出中，金汉饰演的武士不乏跑、跳等大幅度动作，还有一段独白，这一切，金汉都完成得很好。

演出谢幕时，年过耄耋的 87 岁老艺术家蓝天野先生拄着拐杖，在观众热烈的掌声中走上台来。老爷子特意把金汉请上前，向观众介绍他的事迹，并称赞他是“北京人艺的榜样和楷模”，号召人艺所有演员向金汉表示感谢，向他学习。蓝天野说：“金汉不只是做了一件见义勇为的事情，而是通过这件事情向整个社会，再一次证明了年轻一代的主流是正气，是正能量。”台下再次响起热烈的掌声，那一刻，金汉有些稚气的脸上，露出了一丝羞涩的神情。

《吴王金戈越王剑》首演即引起轰动。因为金汉见义勇为的事迹上了新闻，当天为金汉而来看戏的观众大有人在。有观众称他是“真正的中国男人”，甚至连他拿兵器的姿势都觉得帅。还有观众用剧中的台词表达对他的欣赏：“你有一个好儿子，我有一个好士兵。”——这是越王勾践对伯武的父亲所说的一句话。

“蓝老师对观众说我这事儿的时候，我也在观察观众。从他们眼中透露出的神情，我感受到他们被打动了，我当时也很激动。”回忆起首演时的情景，金汉依然心绪难平。

好事传千里，人间扬正气。见义勇为的事情传开之后，金汉获得了很多荣誉，但他没有一丝一毫的骄傲，反倒说：“人艺的传统，就是先做人后演戏。我妈妈也从小就教育我，看到什么不对的事儿，一定要勇敢地站出来。戏里戏外都应该是英雄。”他还说，获得“北京榜样”称号后，他对自己的要求更加严格，总觉得要好好做人，更加遵纪守法，才能不辜负大家的厚爱。

笔者眼中的金汉语言真诚，发自肺腑，没有套话、假话和空话。联想到当前演艺界中的一些偷税漏税、情感八卦、吸毒违章等劣迹，更能感到金汉的可爱。演员作为公众人物，更应该言行一致、律己守法。

二、故事外的故事，更加精彩和感人

屈指算来，金汉自 2012 年从中央戏剧学院毕业后进入北京人艺剧院，至今已然 7 个年头。中央戏剧学院的教师告诉笔者，金汉上学时在表演系该年级的三个班里，是个子最高的学生，人也很帅气。老师们都说，看到金汉见义勇为的新闻报道后，他们一点也不觉得惊讶，因为他们觉得，这种事，金汉绝对会去做。

北京人艺这座艺术圣殿里高手如林，艺术人才藏龙卧虎，大腕一抓一大把，金汉只是小辈，还在舞台上摸爬滚打，打磨着自己，经常饰演一些跑龙套的小角色，但他没有任何抱怨。“我们剧院有一条特别的规定，就是新演员前三年都不允许出去拍戏，业余时间安排进修。我觉得这样安排挺好的，可以让我们这些新人静下心来，踏踏实实地跟前辈们学习。”虽然岁数不大，但金汉为人处世很成熟，待人很有礼貌。一有时间，他就坐在北京人艺剧院排练厅的门口观察生活，每当有人出入，不论是演员同行，还是幕后工作人员，金汉都会热情地打招呼。

笔者笑着问金汉：“现在你获得了这么多荣誉，人艺会不会安排更重要的角色给你？”金汉立刻严肃地说：“这是两码事。拉开大幕见观众，演戏就是演戏。别人说你是英雄，那是别人的事，对自己而言，这只是本能的行为，如果要求回报，性质就变了。我会凭自己的努力，向艺术家前辈们学习，一步一步往前走，争取有机会站在舞台中央。”

站在笔者面前的金汉，无疑是一位俊男，用高大英俊、青春靓丽来形容，绝不为过。问及事发时是否曾害怕，金汉微微一笑："你们这些记者，问的问题都很俗套。不过我也能理解，这体现了你们记者职业的人文关怀。现在自己回过头来想想，仍会觉得后怕，但同时也觉得自己很爷们儿、很阳光，彰显了社会正义。"

接着，他又说道："不瞒你说，我们家的亲戚一见到我，就竖大拇指，夸我做得对。"在朋友们的眼中，金汉也是一个有担当的人，"经历过这件事后，感觉跟他在一起，比跟一般的男孩子在一起，更多了一份信任。"朋友们如是说。

当人们还在讨论"老人摔倒该不该扶"时，金汉关键时刻敢于出手，勇斗歹徒的义举，无疑让社会各界人士眼前一亮、心头一暖。从金汉身上，人们看到了当代青年的正气与担当。一代人有一代人的迷惘，但一代人更有一代人的辉煌。这样的年轻人，就是社会进步发展的希望。

据了解，得知金汉见义勇为负伤后，北京人艺演员队队长、著名演员杨立新曾给金汉发过一条短信："我相信突发事件时人的第一反应，有人下意识就会退缩，有人则不顾一切往前冲，而这样的人一定是好人，因为这一刹那最见证人的品质。"很多人称赞金汉戏里戏外都是好汉，金汉却从没这么想，他认为自己中是做了应该做的。至今，说起那晚，金汉仍然对那位送他去医院的好心的出租车司机心存感激。

刚刚还在舍生忘死帮助他人的金汉，转瞬便收到来自陌生人的善意。当时，金汉特别遗憾没能记下出租车的车牌号和司机的名字，只记得他戴个眼镜。还有让车给他的一对情侣，金汉很想感谢这些救命恩人。

在"2014 北京榜样"颁奖典礼上，金汉说，自己只是做了一件应该做的事情，更要感恩那位出租车司机，"当他看见一个满身是血的人时，没有一丝畏惧感，而是做了一件很感人的事情，我觉得他是一个善良的人，是勇敢的人，是我的救命恩人，所以，今天这份荣誉和奖杯，不只属于我一个人，同样，也属于他。"当时，全场响起了一片掌声。

令人欣慰的是，不久，抢劫路人、刺伤金汉的两名歹徒被警方抓获。此后，北京市民政局、东城区民政局为金汉颁发了北京市人民政府制发的见义勇为证书、奖章和奖金。

“检察院让我提各种要求，包括赔偿什么的。我说我什么都不需要。我不需要任何赔偿，我只希望他们出来后能改过自新，好好做人，能通过他们自己的双手，用自己的劳动获得他们想要的东西。”

金汉受伤后，心里最放不下的是剧院的演出任务。当时，他正在排练的《吴王金戈越王剑》几天后就要上演。同事们都劝他好好休养身体，可他集体观念非常重，只休息了几天便重返排练场。演出当天，不少观众都是听说了金汉见义勇为的事迹，特意前去剧院观看演出的。一位观众说：“小伙子很勇敢，也很敬业，表情很自然，完全看不出是带伤演出。”

金汉乐于助人，但他更希望在演戏上得到认可。他的人生目标不是成为伟大的艺术家，而是把演戏这事弄明白，做一个戏里戏外都有着真实个性的演员。他现在还在跑龙套，但他从来不抱怨。金汉在中戏的同班同学刘倍伯说：“他不仅不抱怨，还塑造角色呢。比如，他演一个士兵，没有一句台词，观众甚至都看不到他，他也会演出变化，伤兵、老兵、败兵、胜兵，每场都有不同。”他的朋友都说，金汉是那种有能力让身边的朋友变得更好的人。

生活中，金汉会很自然地扶起生病的陌生人。刘倍伯还讲了一件小事。有一天演出结束后，金汉坐地铁回家，车厢中，一个男人突然癫痫发作，样子十分吓人，一旁的人纷纷躲避。金汉却上前帮他拿药，掐人中，拍打后背，活动胳膊腿抢救。抢救过来后，金汉还问他要去哪儿，带没带钱。男子口齿不清地说去火车站坐车回家，金汉便给了他 200 元钱，让他吃碗面条，买车票回家。当记者跟金汉提起这件事的时候，金汉轻描淡写地说：“他发病时就坐我旁边，因为离得近，就搭了把手。”

这就是金汉。在他看来，帮助别人是自然而然的事，而别人的善举却值得他一直铭记。他是在北京这座城市深厚的文化底蕴下成长的大男孩，他和出租车司机、让车的小情侣乃至被救的母女，他们集聚在一起，用各自的善，塑造了北京这座城市的气质。

有人可能会说，这是很多人成为模范、成为榜样之后的惯用说词，可是金汉的师长和朋友们知道后，都脱口称赞：这才是真实的金汉。金汉见义勇为的事迹传到母校中戏后，教了金汉4年的姜若瑜老师一点也不惊讶，她用5个“特别”来描述金汉：特别善良、特别有毅力、特别踏实、特别用心、特别朴实。在他的同学眼里，金汉善良、热心、大气、礼貌、好亲近，自带感染人的气质和能力。在中戏上学的时候，班里就有个口头禅，“谁有什么事，找金汉”。

金汉的行为，对别人来说是雪中送炭，可他却总把这些当成举手之劳。王煜是金汉的朋友，在工作、生活中遇到挫折的时候，受金汉的帮助和影响比较多。笔者跟王煜聊了很多金汉的事之后，他说，“当我越多地回忆起生活中的点滴，反而越觉得金汉见义勇为这件事不那么重要了”。笔者也突然明白了，对于金汉而言，助人为乐早已习惯成自然。那个春夜里的瞬间举动固然值得赞美，可是生活中始终如一地释放正能量，更值得传扬。

金汉说，“北京榜样”这四个字的分量很重，只有几十年如一日地做有益于社会的人，才无愧于这个称号。见义勇为的事情已过去多年，而他依然践行着当初的诺言，把善行善念化入日常生活。

眼前的金汉，虽然年近30，但他依然是那个外表阳光踏实、内心纯良坚定的北京大男孩。在他焕发活力的身上，笔者看到了青年一代的正气与担当，也看到了未来与希望。

三、渴望创新，再塑人物形象

现代都市生活节奏快，人们也喜欢短、平、快的剧目，小剧场中的古装剧应运而生，并日益获得观众的青睐。2015年，由苑彬编剧，顾威导演的人艺小剧场话剧《画眉》首次开放排练，主演就是金汉。

这部以正史为依托的作品，是对吴起杀妻故事的重新解读，试图呈现一部严肃的古装剧。如同编剧在剧本首页注明的，《画眉》虽然是历史题材作品，却并不是完全意义上的历史剧，而是在舞台表演中注入了跨越时代的现代式思考。历史上，吴起作为战国时代的名将，辗转出仕于鲁、魏、楚三国，并最终被楚国贵族杀死，而在本剧中，他却有了不同的结局。

此外，在历史上被一笔带过的吴起的妻子在剧中被赋予了“思姜”的名字，成为重要角色。在导演顾威看来，这样一名女性角色的介入，给全剧带来了另一种色调，是全新的注释。在由男性构成的剑拔弩张的情境中，思姜带来的一抹暖色，形成了角色的强烈反差，思姜这一角色由青年演员郝姗姗饰演。

金汉在该剧中饰演吴起，完成一次由英雄到名将的华丽转变。虽然与剧中角色年纪相仿，但早在排练前，金汉就做足了准备，不仅每天通读剧本，还专门购买了《吴起传》等书籍研究人物性格，并向自己曾经的历史老师虚心请教。金汉表示，“吴起这个人物总是在跟自己较劲——对于国家而言，他是栋梁；对于家庭而言，他很叛逆；对于个人而言，他成就了自己。他不适合政治，但却是优秀的武将。”

在人艺，金汉有着良好的口碑，特别是他见义勇为受伤后，《吴王金戈越王剑》剧组原本打算找演员替补，但金汉却坚持自己排练演出。“真正的意义是排练过程，可以学习老艺术家怎么演戏。”金汉说，“我不能因为我，把剧院的戏给耽误了！第二天我就跑剧院去了，结果被他们轰回来了。”金汉说，就快演出了，角色还没悟透呢，哪能这么放着不管啊！第三天他又去了。这件事情传开后，人们纷纷竖起大拇指，特别是《吴王金戈越王剑》首演成功之后，金汉的名气更大了。这次由他担纲主演吴起，更是众望所归。

经过多年历练，金汉的表演日渐成熟，逐渐开始走向舞台中央，成为主角。

采访结束时，笔者梳理了金汉的几句名言，现摘录如下，以飨读者：

——我根本来不及害怕，当时的第一反应就是冲上去。

——现在想想，是有点儿害怕。不过下次再看到这样的事，我还会冲上去，毕竟发生在自己眼前，不帮的话，心里过不去。

——我上去帮忙了，受了点小伤，缝了几针，不过已经没什么事儿了。

——我没事儿，休息几天就回去排练，一定不耽误演出。

——人艺的传统就是先做人后演戏。我妈妈也从小就教育我，看到什么不对的事儿，一定要勇敢地站出来。

——希望他们能改过自新，通过自己的劳动去换取自己想要的东西。

几句朴实的话语，就像一滴水，折射出他的人格魅力：他不仅是历史大戏里的勇士，更是生活中路见不平拔刀相助的英雄男儿。因为心存正义，所以即使势单力薄，也敢于单枪匹马直面凶徒而不顾个人安危；因为心怀仁厚，所以即使默默无名，也甘于跑龙套救场而不汲求光环掌声。他见义勇为，也爱岗敬业，他帮助了他人，也温暖了社会。从演艺小舞台，到人生大舞台，金汉用实际行动证明了自己是一位响当当的好汉：戏里戏外皆英雄。

金汉，人生之路漫漫长，风物长宜放眼量。谨记勿忘！

生命大于天

——记20多年无偿献血志愿者　韩冰

刘俊杰

人物简介：

韩冰，男，1977年生，出租车司机。他的血型是稀有的RH阴性血，俗称“熊猫血”。2013年年底，身患白血病的江苏小姑娘薛莲在化疗结束后，血小板大幅下降，急需输入血小板，但医院没有库存。接到电话后，他二话没说，当即在电话中答应为孩子捐献血小板，并且承诺只要身体条件允许，就会继续为小薛莲捐献。截至2017年，他共为小薛莲献血25次。20多年来，他始终以实际行动履行着自己献血救人的承诺。

一、英雄梦激励着献血义举

2019年3月中旬的一个上午，韩冰应约驾车来到了笔者位于京南的乡村书吧，在春风和煦的阳光下，开始了与笔者的心灵沟通。

我叫韩冰，是个地地道道的北京人。1977年夏天的一个午后，我出生在北京市丰台区。我们这一代人生长在改革开放的年代，小时候和许多同龄人一样，夏天就是我们的乐园。那个时候我跟着哥哥在大野地里撒丫子、扣蝈蝈、逮蚂蚱、上树掏鸟窝、用脸盆抓麻雀、自己做网逮蜻蜓，到了晚上打着手电抓蛐蛐，水沟里面钓蛤蟆。上了小学后跟同学扇洋画、扇四角、玩弹球，虽然没有现在的孩子玩的那些高科技玩具，但是童年的乐趣是现在的孩子无法体会的。小时候家里的电视只能看几个台，播放的不是战争片就是警匪片，电影院里播放得最多的也是《地道战》《地雷战》《上甘岭》《英雄儿女》等战争影片。所以，我从小就有很深的英雄情结，那时候只要有人问我最崇拜的人是谁，我会毫不犹豫地说出董存瑞、黄继光、邱少云等英雄人物的名字；要是问我长大了要做什么，我也会毫不犹豫地告诉对方两个字：当兵。

“千顷地，一棵苗”，这是老北京人形容独生子女家庭的说法，我就生长在这样的家庭氛围里。可我自小就不安定，总想着远走高飞，能像一只雄鹰一样翱翔高空。18 岁高中毕业之后，我始终想实现儿时的梦想，于是决定报名参军。但因为我是独子，这事遭到了父母的坚决反对。因为拿不到户口本无法报名，无奈之下我进入北京昆仑饭店上班，但却并未放弃我的参军梦。19 岁那年，报名参军的时候又到了，我还是没有拿到户口本，无法报名。就在我心急如焚的时候，我看到电影《董存瑞》里董存瑞就是瞒着家人去参军的。我受到启发，感到不能再错过时机了。一旦错过机会再等一年，我就年满 20 岁了，超出了参军年龄，那就意味着我这一生将与部队无缘，也就无法实现我的梦想。一天，我趁父母不在家，把身份证和户口本拿了出来，到武装部悄悄报了名，并顺利通过了体检、政审等各项审核流程，拿到了入伍通知书。直到那时，父母才知道真相，但是再反对已经来不及了。

那一年的 11 月 12 日，我穿上军装，同其他新兵一起乘坐火车，来到了美丽的青岛，成为一名海军部队士兵。经过 3 个月紧张艰苦的新兵训练，我终于挂上了肩章，成为了一名光荣的人民海军战士。刚到连队的时候，我也曾幻想着能有上战场的机会，来实现我的英雄梦。但是后来我却发现，处于和平年代的我们，根本没有上战场的机会。那段时间我很迷茫，不知道在部队该做什么，出现了很严重的消极情绪。部队指导员了解到我的情况后并没有批评我，而是一次次地找我谈话，给我做思想工作，还用雷锋同志的事例告诉我，我们是人民的子弟兵，保家卫国是我们军人的责任和使命。实现自我价值有很多种方式，不是只有上战场当烈士才是英雄，作为一名海军战士，守护好祖国的海防线就是实现自我价值。指导员还鼓励我多看书充实自己。

经过自我反省，我最终走出了心理误区，并全身心投入日常工作和训练中。因为表现突出，第一年年底我被评为优秀士兵并当上了班长。1998年开春的一个周末，我和几个战友约好，一起请假外出购买日用品。当走到一个路口的时候，我看到街道一旁停着一辆无偿献血车，从没献过血的我因为好奇走了过去。正是这份好奇，让我从此走上了21年的无偿献血道路，也让我实现了我的英雄梦。

走到车前，听了工作人员耐心的宣传讲解，当得知无偿献血用于临床，可以救助病人时，我义无反顾地走上了献血车，捐献了400cc，完成了我人生中的第一次献血，并拿到了我的无偿献血证。本来这件事就这么过去了，没想到第三天正在值班时，我接到了青岛海军401医院血库的电话，工作人员告诉我，我的血型是RH阴性O型血。当时的我对于血液知识完全空白，根本就不了解这是一种稀缺血型，还本能地以为我的血液出了问题，以为自己生病了。工作人员在电话里安慰我，让我不要多想，只是因为我的血型和别人不一样，如果一旦需要输血的话，一定要提前告知医生。挂断电话之后我依然一知半解，还特意给家里打了电话询问父母他们是不是这种血型，当得知他们都不是的时候甚至怀疑过自己是不是他们亲生的。半年后，我又一次走上了采血车，当时也想看看工作人员是不是把我的血型搞错了。

让我得以实现英雄梦的契机，是在1999年的夏天。当时我正在寝室休息，突然接到部队政委的电话，命令我以最快的速度赶到海军401医院执行任务。跑下楼时，我看到救护车已经在楼下等候，上车后救护车立即拉响了警笛，冲出营区，风驰电掣般向医院驶去。路上，政委告知了我详情，原来青岛一家工厂突发工伤事故，一名工人因为严重失血危在旦夕，正在等待输血进行手术，而血型正是稀有的RH阴性O型血。正好401医院血库有我的血型档案，便第一时间联系了我所在的部队求助。于是，上级下达命令要我尽力进行救助。

得知实情后，我向首长表示保证完成任务。到了医院，经过前期检查后我赶到采血室，看着鲜红的血液经过导管流进血袋，我感觉到病人有救了，也为我的血液可以救人感到光荣。这是我第一次应急献血。军人以保家卫国、守护人民的生命财产安全为使命，那一刻，我立誓要继续无偿献血，用我的血液去救助更多需要帮助的病人。为此，在部队的3年时间里，我先后献血6次，累计献血量2 400cc。

2000年年底，我带着三次优秀士兵、一次三等功的荣誉退伍，回到了北京，在退伍办报到后等待春节后的工作分配。2001年年初去西单逛街，当再一次看到采血车时，我毫不犹豫地走了上去，并在采血前告诉护士我是RH阴性O型血。在采血的过程中，北京血液中心的工作人员告诉我，血液中心刚刚成立了一个稀有血型爱心之家，正在号召所有和我一样的稀有血型人员加入，便于集中管理我们这个群体，在出现病人的时候，能够第一时间联系献血人员进行救助，也便于成员之间的互助，并热情询问我是否愿意参加。我义无反顾地加入了这个奉献爱心的公益组织，成为了一名志愿者。血液中心每年会定期组织各种活动和血液知识讲座，邀请我们这些成员参加。通过参加各种活动，我丰富了血液方面的知识，了解了我这类血型的奥秘，也终于打消了我对于是否是父母亲生的疑虑。通过活动，我也结识了很多与我拥有相同血型的成员，并与他们成为了非常好的朋友。按照我国《献血法》规定，我每隔半年完成一次献血，从不间断，从2001年到2005年，共完成献血8次，献血量3 200cc。

韩冰的青少年时代，是一个崇尚英雄的时代，他学英雄、做英雄，虽没有英雄舍身炸碉堡的壮举，可他用自己的鲜血，无偿救助他人，彰显着新时代的精神。毛泽东同志曾经说过：一个人做点好事并不难，难的是一辈子做好事。一个人能力有大小，但只要有这点精神，就是一个高尚的人，一个纯粹的人，一个有道德的人，一个脱离了低级趣味的人，一个有益于人民的人。

二、“怪兽”的承诺

2005 年可以说是韩冰人生中的又一个转折点，那年 5 月的一天，他接到了血液中心老师的一个求助电话，由此走进了人生的一个新领域，谱写了一段感人的生死故事。韩冰回忆说：

电话里老师告诉我，有病人需要血小板，问我明天能不能来献血，得到我的同意之后，老师为我进行了预约。第二天，到了血液中心，在老师的带领下我来到了成分献血室。看着那一台台陌生的机器我有些不知所措，经过老师的详细讲解，我才明白这是血液分离机，血液抽出经过分离机提取出所需要的成分后，其他成分还会回输到自己的身体里，分离机是完全密闭的，而且每一套用具都是一次性的，以保证绝对安全。

完成前期的各种检查后，我坐上了采血位，经过一个多小时的采血分离，我成功捐献了两人份的血小板。离开之前经过血液中心老师的再次讲解，我知道了血小板捐献主要用于对白血病患者的救助，而血小板保存期只有 5 天，加之我这种血型的特殊性，所以只有在病人需要的时候，才会电话联系我们进行捐献，这就是应急献血，需要很多应急献血志愿者的材料汇聚、储备，才能保障临床治疗。想到我捐献的血小板很快就会用到病人身上，再回想起在部队执行的那次献血任务，这一刻我再一次有了当英雄的感觉。我向老师表示愿意成为一名应急献血志愿者。成为志愿者后，2005 年一年中我捐献了 5 次血小板。为了不漏接血液中心电话，直到今天我的手机都是 24 小时开机，从 2005 年到现在整整 14 年时间。每每接到血液中心的电话，只要不是生病，就算请假我也会及时赶到中心完成献血，14 年来，百余次的捐献，100％的献血前检查通过率，让我在爱心之家有了一个“怪兽”的绰号。

这些年，我默默献血，从不张扬，不被外人知晓，也没有进行任何宣传。2013年年底，我突然接到了一通电话。有个RH阴性O型血的白血病患儿急需血小板，血液中心通知我第二天务必赶来救助。第二天，我放下手里的工作，赶往血液中心。在进行捐献的时候，通过中心老师了解到：这个患儿只有3岁，刚刚由父母陪同来北京人民医院治病，每个月都要进行化疗。了解情况后我当即表态，只要孩子需要，在身体允许的情况下，我就会一直救助下去。

为了更好地救助孩子，我每天都会坚持锻炼，每个月接到电话后，都能以良好的状态第一时间赶到血液中心。2014年“614世界献血者日”活动当天，孩子的父亲被血液中心邀请到了现场，这时我才知道这个患病的孩子是一个叫薛莲的小女孩，血液中心老师还特意录制了孩子的一段视频，在现场进行大屏幕播放。这是我献血十几年来，第一次见到病人和家属，在活动现场我和孩子的父亲互加了微信，以便能第一时间了解孩子的最新治疗进展。2014年9月，小薛莲和亲哥哥配型成功，进行了造血干细胞移植，截至手术前，10个月的时间里，我为孩子完成了9次血小板捐献。经过这10个月，我和他们一家结下了深厚的友谊，薛莲父亲曾说，孩子虽然是他们的，但是经过这段时间的治疗，体内已经全部流淌的是我的血液了。如果我愿意的话，就让孩子认我做干爸。从此，我多了一个女儿，和小薛莲之间的感情，这一生都将无法割断。

北京广播电台和北京电视台等媒体知道我和小薛莲的故事后，进行了追踪报道，并在当年9月举荐我参加“北京榜样”评选，经过周榜、月榜和年榜选拔，我被评选为“2014北京榜样”。我的献血历程以及和薛莲一家的故事被众多媒体报道，得到了政府和大众的肯定与认可。2015年，我被市委市政府和团中央授予首都精神文明建设奖、北京青年五四奖章、北京市劳动模范、首都道德模范提名奖、“中国好人榜”提名奖等荣誉。

本以为手术后小薛莲会逐渐恢复健康，谁也没想到，2014年年底，孩子的病情突然逆转，出现复发，听到噩耗的时候我落泪了，无法接受这个事实。但是，再难受我也必须面对，毕竟孩子的治疗还要继续，于是我又开始为孩子进行新一轮的救助。为了治疗，他们一家不得不选择留在北京过年。大年三十当天，经过多方协商，我开车把她们一家接到了我家过年，一起吃团圆饭，并约好正月初四一起去逛地坛庙会。从庙会出来后，我带着薛莲去吃了她人生中第一顿自助比萨。餐盘上的食品，对于一个正常的孩子来说，再普通不过，但是对于薛莲来说，是从来没有品尝过的美味，因为病情她不能随便吃外面的食物，即使吃水果都必须用开水煮过才能吃。看着孩子吃得那么香，我再一次落泪了。

随着救助的持续，我和薛莲一家的感情也越来越深厚。2016 年除夕夜，我再次接他们一家到我家过年。逛完庙会出来，我问她想吃什么的时候，她告诉我还要去吃比萨。经过一年的治疗，小薛莲的病情依然时好时坏，到 2016 年年底时，小薛莲的病情比较稳定，她父母决定带孩子回家过年，毕竟两年没有回去过年了，孩子的祖父母也两年没有见到孩子了。这一走，我再见到孩子就是 5 个月之后了。虽然经历过多次失望，我和他们一家依然不曾放弃希望。2017 年 5 月，孩子病危，再次来到北京，本来已经约好第二天接受化疗，我也会在第二天去血液中心进行捐献，结果晚上却传来消息医生建议放弃治疗。

当天晚上我和孩子爸爸通了电话，他悲痛地告诉我：明天不用去血液中心了。电话里孩子爸爸在那边哭，我在这边哭，心里冰凉冰凉的。第二天，我赶到医院，开车送他们一家去火车站。看着他们走进车站的那一刻，我的眼泪再一次止不住地流下来，哭得稀里哗啦。这一次见面，也成了我和小薛莲的最后一面。他们走后，我和孩子父亲一直保持联系，孩子回到江苏后，在当地一家医院住院，虽然希望渺茫，仍祈求奇迹能够出现。但是命运再次给了我沉重的打击，2017 年 8 月 15 日，我接到孩子父亲的电话，他哽咽地告诉我：咱们的女儿 14 日晚上永远地离开了我们。

听到噩耗，我无法控制自己的情绪，我这个 40 多岁的男子汉，再也不能把持自己，把车停在路边后，我痛哭出声，久久不能平静下来。此后的很长一段时间，我仍然无法走出心里的那道坎。3年多的时间，我和她的家人，还有众多的医护工作者、志愿者全力以赴地救助，25次的无偿捐献，都无法把孩子留住。我不禁问自己，我献血的意义何在？

此后，我极度消极，悲观厌世。在又一次接到血液中心爱心之家家长齐老师电话的时候，我第一次拒绝前往。那些天，我失去了生活的目标，一直浑浑噩噩的，彻底迷失了自己。电话交流中，齐老师感觉到我状态不对，不厌其烦地一遍遍给我打电话，对我进行心理疏导。经过一天8次的电话沟通，终于帮助我迈过了这道坎，摆脱了内心的折磨，将我从内疚的泥潭中拉出来，让我逐渐明白献血虽能救助病患、表达爱心，尽自己的一份职责和义务，但是并不意味着所有被救助者都能因此而康复。神秘的生命密码，是很多因素的高度统一，血液是重要因素，却不是唯一的因素。虽然小薛莲走了，但是还有很多病人等待我去救助，如果我不能继续救助，有可能就会让其他病患因为没有及时用上血液而失去生命。心理障碍克服了，明白过来后的我当即表示，第二天会准时赶到血液中心。

人生无常，大道若简。韩冰是个明白事理的人，他在人生追求的道路上，磕磕绊绊，一路前行，践行着自己的价值观和人生理念，矢志不渝，一步一个脚印，实现自己的梦想。

三、乐于助人，追求理想没有穷期

小薛莲离开人世已经将近两年时间了，压在韩冰心头的阴霾逐渐散去，他的思想迈进了一个新的台阶。他回忆这段经历时说：

我在这两年里，经过血液中心老师的安排，有缘见到了2007年我献血救助过的一位女大学生，经过十多年的时间，她不仅恢复了健康，而且已经结婚生子，过着幸福的日子。看到被救助对象健康快乐的样子，我十分开心。人的一生中，还有什么比看到自己救助他人、延缓他人生命的成果更为高兴的呢？于是我继续着我的献血道路。2019年2月底，我再次接到血液中心电话，有一个9个月大的患儿，因为溶血性器官衰竭需要血小板。第二天，在血液中心完成捐献后，我再次表示，只要这个孩子需要，我会一直救助到底。现在，这个孩子依然在儿童医院进行治疗，我的救助也将继续。希望他能尽快康复，过上正常人的生活，健康成长。

韩冰献血，从不张扬，无论是在部队多次献血，还是复员退伍后的多年义举，他都没有告诉亲朋好友，就连他的家人也不知道。直到他被评为“北京榜样”，家人才知道了他的事迹。为此，父母十分担心他的身体，而他却笑嘻嘻地向他们解释科学献血不影响身体健康，父母将信将疑，只能告诫他要注意健康，加强营养。而不管他怎么解释，妻子却坚决反对，夫妻感情产生了裂痕，最终分道扬镳。说至此，韩冰言语间仍有几分遗憾。

除小薛莲外，韩冰在血液中心献血时，与病患都是背对背的，相互之间不仅没有电话联系，就连对方是男是女，是老是少都不知晓。这对韩冰来说，也是相当重要的约定。关于病人的一些零零散散的情况，韩冰都是在与血液中心的老师交流中得知的。长期的志愿献血，韩冰除了获得数不清的献血证和红大褂之外，还惹来很多人的侧目与不理解。有人说：“他能献血那么多年，指不定从中捞到了多少好处呢。”对此，韩冰的母亲，一位70岁的北京大妈这样说：“一个家庭里但凡有一个人得了重病，都像是天塌了一样，有多少人为了治病砸锅卖铁。咱们这时候，能帮一把就帮一把，怎么还能再去挣钱呢。”而韩冰的解释，更加简短有力，他说：“生命大于天”。

韩冰给小薛莲献的是“成分血”。何为成分血？就是从体内抽出血液进入机器，提取出所需要的成分，比如血小板或者红细胞，其他的还回流到献血者的身体里。回流之后再提取，再回流，一遍一遍，直到采够所需要的量。韩冰说：“我年轻，身体壮，经常献两人份，相当于

520cc，最快也需要一个半小时。”那时，为履行对小薛莲的承诺，韩冰几乎随叫随到。而身为一名出租车司机，韩冰的作息时间不固定，往往一边接着输血管，一边已累得呼呼大睡了。

有一次，韩冰赶去血液中心正要献血，却被医生告知血脂高，不达标。医生指着一旁的自行车健身器说：“要不你上去试试。”顾不得休息，韩冰一口气蹬了一个半小时。血脂是降下来了，但他也累得不能动了。还有一次，韩冰正在街上拉活，载着客人赶往目的地，突然接到了小薛莲父亲的求助电话。眼看着客人到目的地仅有半小时的路程，送完客人再去医院，似乎也没什么问题。但韩冰认为，“生命不能等”。他简单跟客人解释了一下情况，拒绝了客人递过来的出租车费，掉头直奔医院。小薛莲在北京治疗的两年，是韩冰献血最为密集的时候，他总共献血 9 次。截至 2017 年，韩冰共为小薛莲献血 25 次。

有社会学家指出：城市居民的素质，直接决定着这个城市的形象和文明程度。对有益的社会公益活动和志愿者行动是漠不关心，还是积极参与，代表着一个人的生活态度和价值取向。20 多年来，韩冰始终信守着自己对社会做出的献血承诺。

许诺容易，践诺难！韩冰用自己的血液兑现着承诺，不仅为患病的小生命数次输送着珍贵的“熊猫血”，也为城市的文明注入信守诺言的力量。韩冰，就是这样一位普通而不平凡的北京人，看上去不善言辞，不苟言笑。“只要身体允许，我会一直无偿献血”，是他对社会的承诺，也是他对自己的承诺。

履行承诺并非易事，这里面有太多对孩子的亏欠，对家庭的缺位，还有对工作的耽误。但他坚持用自己的鲜血供养病患的生命，在病患背后默默守护，甘愿做他们“隐形的翅膀”。他以实际行动践行和阐释了社会主义核心价值观中的“友善”，用汩汩流动的鲜血传递了人性中最大的温暖和善意。

回眸人生岁月，这么多年走过来，人生如同自然界一年四季的变化，春夏秋冬，有欢笑、有泪水、有感动、有迷茫，也碰到过各种质疑。有认为我傻的，有认为我卖血赚钱的，但我始终认为：只要自己做到问心无愧，又何必去在意别人的看法。要是有人问我这条路我还要走多久？我会告诉他，只要我还没有超过国家规定的无偿献血年龄，只要病患需要我的救助，我就会第一时间出现，只因为——生命大于天。

好一句“生命大于天”。韩冰的话语虽然平实，但却饱含着一名北京普通市民的人文情怀，彰显着北京精神的博大精深：大爱无疆！此刻，笔者看着眼前的韩冰，如雕塑一般线条清晰的脸上，没有呈现什么激动，也没有绽放什么快意，有的只是几分刚毅，在春日阳光的照耀下，折射出自信与坚强。

笔者无语，小院内的杏树无语，那棵碗口粗的柿子树无语，被置身玻璃阳台内的香椿树无语。在阳光下的春风里，伟大和平凡，在我们这个伟大的时代熠熠生辉！

愿事事平安！好人韩冰一生平安！

永不懈怠的追求

——记北京大学肿瘤医院超声科首席专家 陈敏华

刘俊杰 傅冬红

人物简介：

陈敏华，女，1946年生，北京大学肿瘤医院超声科首席专家。在学术上，她开拓进取、刻苦钻研，多项成果为国际认可；在医术上，她心系患者、医德崇高，她诊疗的1 200多例中晚期肝癌，5年生存率46%，达到国际先进水平；因安装心脏起搏器会导致她不能做射频手术，她毅然放弃，每天靠药物和吸氧维持；她把患者当亲人，病人对她的信赖至死不渝。

2019年3月20日，笔者和央视摄影记者周树民，一同冒着霏霏春雨，走进了“妈妈医生”陈敏华的生活……

一、一位年逾古稀的女医学家不懈的追求

把“拼命三郎”“女强人”等词语用在一个70多岁的女医生、女学者身上，会让人产生怎样的遐想？这是怎样的一个奇女子？像她这个年龄

的老人，早已退休，或者含饴弄孙，或者活跃在街道公园树荫下的广场舞旋律中，或者徜徉在名山大川，安享晚年。而她却仍处于紧张、快节奏、近乎百米冲刺般的生活状态，写作办班、查资料、打电话，一直高度紧张，只有在困得睁不开眼时才倒在床上，插上氧气管眯一会儿，睡醒后又马上进入工作状态。为了工作，她把耄耋之年的丈夫送进养老院，并谢绝女儿、姑爷、外孙前来共住的请求，独自一人奋战在一套三居室的空间内，目的只有一个，抢时间完成她梦寐以求的关于临床肿瘤的防治研究。

走近陈敏华，走入她的内心世界，这位与时代脉搏一起跳动的肿瘤专家，其执着、拼搏、为事业献身的精神，令人肃然起敬。她实事求是，敢讲真话，原则问题不让步，困难面前不退缩；对待患者似亲人，对待自己很严苛；言必信，行必果。“女强人”的背后，包裹着她那颗如丝绸般柔软的母亲的心。她用火辣滚烫的侠骨柔情，用爱心与真情，温暖和感动着每一位患者和周围的同事。

“理性的医学事业，一流的肿瘤学家；感性的精神世界，率真而可爱的师长。”这是业内人士对她的评价。

春日雨后的阳光，透过玻璃窗斜射进来。走进陈敏华满屋书香气，却淡漠了许多家庭氛围的三居室，笔者惊奇：陈大夫在这样的环境下怎么生活？书架上排列的是书，桌子上满是稿件，地上堆着书，连走路都要小心翼翼，以免被书绊倒。戴着高度近视眼镜的陈敏华，没有与笔者过多寒暄，就带着她这个年龄少有的热情，开门见山，讲起了她的工作，她的病人，她留学的生活，她的同事和她的亲人。因睡眠不足，她的脸色有些苍白、憔悴，讲话时时而面上放着光，时而眼里含着泪，时而语气慷慨激昂……

笔者被深深地吸引着，感染着，不能自已。被泪眼模糊的视线里，仿佛出现她伴随中华人民共和国发展的历程，一路奋斗、一路追求、一路成长的身影。

二、勇于突破禁区解决临床难题

陈敏华从事超声诊断及超声介入诊治 50 年，是我国介入超声学科的开拓者之一。多年来，她把从事超声影像诊断和介入治疗需解决的问题作为科研重点，以解除肿瘤患者病痛、延长非手术适应证及中晚期肝癌患者生存期为其努力的目标。

陈大夫从中国国情出发，以廉价、易推广的超声为基础，开拓了数个研究治疗的新领域，创建了十余项新技术，突破了此前被国外专家视为多项前人禁区的领域，解决了临床诊断以及肝癌局部治疗难题。她的诊断治疗技术跨越了超声影像学科，涉及肝胆外科、消化科、肿瘤科、呼吸科、胸外科、颅脑外科等多个领域，取得了令人瞩目的业绩。

众所周知，近年来我国进入胆系肿瘤多发时期，已严重危害患者生命。因下段胆管受胃肠气体影响，国内外公认超声显示困难，治疗前诊断率低。为此，陈大夫不断探索、勇于创新，创建了显示胆管下段的辅助方法及扫查技巧，测量报道了正常值，为提高胆管疾病诊断率打下了基础。继而，她又再接再厉，把研究重点放在胆管轻度扩张的无症状人群身上，创建了“利胆法”观察胆管径的动态变化。在电话尚未普及的 20 世纪 80 年代，她利用周末，骑车逐一到患者家家访，推荐并帮助患者做进一步的检查；最终明确定义了胆管轻度扩张的病理意义及诊断标准；在此基础上完成了临床未解决的胆管癌早期诊断研究，使我国在该领域处于国际领先水平。她勇于实践，大胆创新，敢于突破，并在此基础上进行总结提高，潜心撰写的多篇论文已相继发表于国际会议及美国、日本等国的医学杂志，受到医学界高度评价。

不仅如此，陈大夫在 20 世纪 80 年代完成的“超声对胆囊癌早期的诊断研究”以及 90 年代完成的“胆管癌早诊研究”，获北京市科技成果二等奖、三等奖，也被外科权威称为“改写了外科教科书、病理书”；她首创的“对胆管生理运动变化研究”以及“下段胆管诊断技巧”被国际权威人士称为“陈氏法”，并被肝胆外科权威黄萃莛教授、黄志强院士等高度赞扬，并称之为“诊断胆管疾病的新理念，代表了中国在该领域的国际水平”；黄院士还邀请她参加撰写《当代胆道外科学》。

不甘于现有成就，陈敏华继续进军食管超声研究，开辟新领域，再创佳绩。

医学界都知道，食管疾病通常采用钡餐造影和内镜检查，而食管由于被前方气管、肺内气体阻挡，一直是超声检查的盲区。陈敏华利用在日本留学期间参加尸体解剖的机会，发现食管上段偏向气管左侧，她设定通过左侧甲状腺超声窗的15°～20°夹角的纵、横切面扫查，使食管上1/3段得以良好显示，从而开辟了一个新领域。一些国际会议以及日本当地媒体、美国 *Radiology* 杂志相继报道了该测量方法及正常值。在实际测量中，她又敏锐地发现食管壁在不同生理运动下会发生不同程度的增厚改变，但查阅国内外文献发现均无相关报道，她便推测“可能为肌肉收缩所致”。为了取得证据，她克服重重困难，测量了几百例食管黏膜肌层和肌层在不同运动状态的厚度及食管腔体积变化。为了数据准确，她还用放大镜对几千张比豆腐块小的照片中毫米级至微米级的肌层结构，进行两次重复测量，获得了该领域的测量数据。为此，她付出了沉重代价，眼肌经常痉挛，眼球疼痛。

该研究结果首次在影像领域提出食管生理运动变化的征象，被国际权威称为“陈现象”。在此基础上，陈敏华又完成了食管硬化症、食管癌壁内转移的诊断研究。一系列创新性研究在美国 *Radiology*、英国 *BJR*、日本《放射医学》等杂志陆续刊出并引起轰动，使她成为日本北海道地区首位获得“放射同门会奖”及10万日元奖金的外国学者。留学回国后，她多次给卫生部写信，在陈敏章部长的支持下，为食管癌高发地——河南温县争取了仪器经费，此后她带领科室成员多次到当地及河南安阳等食管癌高发地区为农民体检，传授经验，指导当地医生开展普查及科研。1993年，她的食管基础及临床研究获北京市科技成果二等奖。

其后，陈敏华带队进一步研究并完成了体表超声对下段食管的正常值测量。在卫生部科研基金资助下，完成了“食管下段—贲门癌早期诊断”研究。由陈敏章部长主编的《中华内科学》聘请她撰写“消化系疾病超声诊断”章节，邀请信中这样写道：“鉴于你在该领域较深的造诣及出色的业绩，被选定为作者……”5 年后，“下段食管贲门癌早诊”系列研究获得北京市科技成果二等奖。

事业追求者的最大特征，就是不忘初心，永不满足，永远在路上。在取得一系列佳绩后，陈敏华将创新的目光瞄向了开辟肺胸超声的新领域。以往的观点认为：受肺气体影响，肺胸疾病诊断不适宜应用超声。陈大夫在对胸水定位和引导引流的临床实践中，发现了高频超声对肺异常状态，如出现胸水或肺实变下合并肿瘤，或肺外周的肿瘤及其他病变，可获得显示。她对这一发现如获至宝，继而开始了超声“对肺胸疾病的诊断及介入诊断技术”研究。根据呼吸内科及胸外科医生的要求，她精心钻研，初步研究便获市科委“重点项目”赞助。她再接再厉，首先完成了肺癌浸润程度、良恶性病变鉴别诊断、中心型肺癌穿刺活检等系列研究。这些项目填补了我国在相关研究领域的空白，在放射影像、支气管镜检诊断困难时，成为一项有效的补充诊断方法。经过多年研究和多年实践探索，陈敏华在该领域发表论文 11 篇，拓展了超声应用范围并提高了胸肺疾病的诊断率。该项研究引起了呼吸科专家钟南山院士的重视，由他推荐在相关国际会议上报告，并获得国内外该领域专家的好评。

一位疑诊肺癌的女患者经两次痛苦的支气管镜检，仍未能获得确诊，北大医院呼吸内科主任找陈大夫会诊。她在精心扫查下发现，患者左肺下缘有几个微小结节，便进行了超声引导穿刺活检，明确肺泡癌诊断，为患者赢得了治疗时间和依据。随着病例数的增加和经验的积累，对于肺门部 1～2 厘米的小肿瘤，陈大夫也能通过超声引导经皮取出病理。在日本留学期间，她的这项研究和临床诊断效果，让具有支气管镜检高水平的日本同行都不得不佩服，连称“不可思议”。

由于对该领域的开创性贡献，陈大夫应邀在《中华超声学》《肿瘤学》等多本医学专著上撰写“胸肺超声诊断”和“介入穿刺活检”章节，使研究成果得以广泛应用，大大提高了胸肺疾病诊断率，其安全性和有效性也得到了临床认可并已逐渐普及。

作为“开创追求者”的陈敏华，她的另一特点，就是不断拓宽研究领域，在突破颅脑脊髓领域禁区方面，她的研究成果也具有开创性和领先性。30多年前的一天清晨，中央人民广播电台《早间新闻联播》报道：北京医科大学(现北京大学医学部)第一医院颅脑外科与肿瘤医院超声科专家，联合突破微小脑肿瘤术中定位实施微创切除获得成功。此病例的成功在世界范围内尚未见过相关报道，这标志着我国颅脑外科在影像新技术引导下进入微创时代。

手术前，北大医院颅脑外科詹教授、鲍医生找到陈敏华，希望她协助为一台手术实施精准定位。患儿是个9岁的小女孩，右脑运动中枢位置有一个微小肿瘤，CT显示脑膜血管无异常，这也就意味着开颅后肿瘤定位是个大问题，探查中稍有不慎，就可能影响孩子的成长发育以及日后的运动功能。

在20世纪80年代的改革开放初期，我国医疗水平低下，医疗器械的建设才刚刚起步。“这还是个无人敢闯的禁区！颅脑可不是开玩笑的！”深知陈敏华勇于冒险的性格，老主任担心地提醒她。当时没有任何资料可供参考，但陈敏华属于那种不服输的人。她接下任务后就开始做准备：下班后骑车到北京医科大学解剖教研室研究颅脑解剖图，重温病理，设计操作方案……手术开始了，当时用的超声探头如砖块大小，怎么能贴近颅脑？颅骨被打开一个“小窗”，陈敏华设计用一个水囊作为声窗来探查脑瘤的形态和回声，该方法此前还未有过报道。最难的是“能否从一个不规则的扫查切面，在复杂的脑组织结构内，寻找到微小肿瘤”。她思考着采用“对称结构排除法”找到脑组织内的小瘤灶，并设计在脑膜外进行纵径、横径、相交拉线定位。手术紧张地进行着，突然，寂静的手术室传来了一片欢呼声，找到肿瘤了！显微镜下脑肿瘤切口仅

1 厘米。此时的陈敏华感到浑身发冷，手术衣已被汗水湿透。

精准定位下的微创手术创造了奇迹，患儿一周后完全恢复。见到陈敏华大夫，孩子跑过来，热情地依偎着她。陈大夫把她紧紧地揽在怀里，此刻她真正感受到作为一个医生的价值。此后，陈敏华陆续开展了超声引导介入在颅脑术后引流、脊髓肿瘤术中定位等项目，为颅脑外科术中影像定位打下了基础。1985 年，在日本东京的一次学术会议上，陈敏华的这些科研项目，被日本颅脑外科专家称为“开拓了一个新领域”。陈敏华没有想到自己的这一“微创定位”这么重要，这么有价值。它开启了陈敏华未来的发展道路，使她明确了研究方向——“影像引导微创诊断治疗”。

科研无止境，追求无止境。腹腔脏器晚期癌止痛研究，在我国方兴未艾。在繁重的医学研究工作中，陈敏华早就注意到了这一点。腹腔神经丛，是一层薄薄的纤维结缔组织，网状，撒铺在胃、胰后方、脊柱前方的大血管周围，以往多用开腹手术在直视下进行酒精注射止痛或由麻醉科治疗。在没有参考资料的前提下，陈敏华利用参加尸体解剖和外科手术的机会，确认腹腔神经丛的分布、相邻解剖，首次报道了腹腔神经丛的声像图表现，为闯入“生命禁区”打下了基础。超声引导经皮治疗难度大、风险高，损伤脊神经根就会造成尿失禁或下肢瘫痪。经过反复研究，她设计出避开大血管穿刺注药的途径和方法，摸索总结出有效的给药剂量，又用两年时间完善规范，首创超声引导经皮腹腔神经丛阻滞止痛并获得成功，有效缓解了病人的疼痛难题。她开创的止痛新方法成为世界卫生组织在中国举办止痛学习班的教材和授课内容。

陈敏华突破了一个又一个医学禁区，开展多项诊疗新技术解决临床难题。患者说：“陈大夫，你是上帝派来的天使。”

三、在世界医学舞台上，应有更多的中国人领舞

众所周知，旧中国积贫积弱，特别是在医学领域，远远落后于世界

发达国家。中华人民共和国成立后，我国急超紧赶，差距在逐步缩小。陈敏华深谙近代中国发展历经的坎坷和苦难，深知一个民族要强大必须夯实基础，一个民族要立于世界之林，必须有与世界同步甚至是领先世界的能力与水平。中国在世界医学科技舞台上，一定要有自己的声音和位置，这个信念深深地刻在了陈敏华心里。

全世界每年新发肝癌病例约70万，其中50%以上发生在中国，占比远高于其他国家和地区。但在早诊和局部治疗方面，国际会议上始终没有中国人的发言权，主席团成员也以日本、韩国、意大利甚至肝癌发病率很低的英国、美国、德国学者为主。

在中国，如果不幸患上肝癌，就等于被宣判了“死刑”，人们谈癌色变，特别是肝癌。击败肝癌患者的不只是病情，还有恐惧。那么，人们对肝癌的恐惧都有哪些？首先，就诊时，从发现到治疗，晚期癌患者为多；其次，能做外科切除手术的不足30%；最后，肝癌是我国死亡率第二高的癌症，每年有20多万人因肝癌死亡。多么恐怖的数字！

考虑到肝癌对患者的危害，陈敏华心中已建立了新的专攻目标：要“实现肝癌早诊及延长肝癌患者生存期，在世界上要有更多中国人诊断治疗肝癌经验的发言权”！1999年，53岁的陈敏华在上级有关部门支持下，以天将降大任于斯人的勇气，义无反顾地投入到这一领域的临床和基础研究，决定引进国外开展不久的射频消融新技术。当时的国际报道认为，射频消融技术仅对“治疗≤3厘米肿瘤有效”。在介入超声方面的深厚功底使陈敏华对开展肝癌局部治疗有了更多的思考。临床多数不能手术切除或临床治疗效果不好的肝癌，以较大肝癌、复发癌多见。她深知中国肝癌患者开展射频消融治疗将遇到严峻挑战，于是根据中国国情，重点研究难治性肝癌消融治疗方案策略。

陈敏华深感有义务也有信心承担起这份重任。诊断科室独立开展肝肿瘤局部治疗，跨度大、困难多是必然的。在饱受争议和不被理解的情况下，她仍心系患者，脚踏实地地进行前期准备工作及动物实验。当开始治疗患者时，她总结记录每一例治疗成功的经验，反复研讨失败的教训，在实践过程中不断总结，发现问题，进行探索研究。在20余年介入超声诊治经验的基础上，针对中国肝癌射频消融治疗难点，她研究设计起点高的规范化治疗、个体化治疗方案，以及内涵细致的治疗策略、操作技巧、附加方法、新技术等，从宏观到微观，倾注了数十年的心血。

陈敏华引领着这个领域继续创造着奇迹：打破了国际上“射频消融只能治疗肿瘤直径3厘米小肝癌”的定论。她带领研究生进行覆盖大肿瘤消融模式计算和动物实验，耗时一年，获得数百个数据，创建了可整体覆盖灭活3.5～6厘米较大肿瘤的优化消融模式，并建立了规范方案，使肿瘤灭活率从52.2%提高到88.4%。关于该方案的论文在世界消融大会上被评为优秀论文，主席Livraghi教授称之为“一项对射频消融的伟大贡献，是欧美同行多年来想做而未能完成的研究”。该论文在美国影像最权威医学杂志*Radiology*上刊登，并逐渐被国际权威机构认可，意味着成千上万名较大肝癌患者可获得有效治疗。作为该项技术的开创者，陈敏华还首先提出难治性肿瘤的分类及相应的治疗方案，创建数十项附加治疗策略，解决了关键性技术难题。

多年的临床医疗工作中，她亲自治疗3 000余例患者，其中1 200余例难治肿瘤灭活率达95%，5年生存率46%；总结2000—2013年732例原发性肝癌，其中首选射频治疗的初发癌316例，治疗后5年、7年、10年的累积生存率分别为49.7%、41.1%、28.4%，疗效达到国际先进水平。国内外及北京十数家三甲医院请她会诊或送去疑难病例进行咨询。2004年全国肝脏外科学术会议上，大会主席汤钊猷院士在开幕式上宣读了陈敏华起草的关于“我国外科应更积极开展肝癌射频消融治疗”的倡议书，并提议由她担当大会主席，主办第一届外科局部治疗新技术会议。她被聘为《原发性肝癌规范化诊治专家共识》的执笔者之一，参与卫生部规范制定。她完成的难治肝癌规范手术被编入《中国当代医学名家经典手术》，她也因此成为我国肝癌消融学科负责人。

陈敏华在该领域享有国际盛誉，近几年来，美、日、德、意、加、澳等国学者纷纷前来拜访。世界肿瘤消融大会邀请她参与指南制定。她还先后受美国哈佛大学、梅奥医学中心(Mayo Clnic)及国际大会的邀请前往讲学。2016年7月，无国界肿瘤介入治疗大会在意大利米兰举行，陈敏华教授荣获大会特设的肿瘤介入治疗“开创性贡献金奖”，同时获此殊荣的还有美国和意大利的两位医学权威。

陈敏华在实践的基础上，不断总结提高，在该领域共发表相关论文60余篇。2007年该项研究获得北京市科技进步二等奖。

能治病是好大夫，能防病、早期发现患者病症的医生，更是稀缺的人才。陈敏华向着这一目标艰难跋涉。肝癌早诊是我国的一个重要临床课题，早在1985年，陈敏华和同事完成的论文《肝癌穿刺活检及早期癌超声诊断研究》获得了卫生部首届肿瘤大会优秀论文一等奖。30多年来，陈敏华紧紧抓住这一课题，从声像图研究到超声造影诊断研究，不断进行实践。2002年，她带领研究生出席第九届东京国际超声大会并发表论文，那一年被来自英国、美国、日本、加拿大的专家称为“中国年”；该届大会主办方还委托她主办第十一届国际超声造影研讨会。她主办的两届大会被国际权威誉为“该领域最成功、最有水平的大会”。

2004年，当国际权威机构制定的“欧超联指南”正式进入中国临床时，陈敏华和她的团队日以继夜、精心钻研，通过对病例的仔细分析和研究，指出“该指南不适宜中国乙肝肝硬化背景的肝癌早诊”，并率先完成早期肝癌及癌前病变的超声造影灌注模式及诊断标准，提出了“中国肝癌早诊指南”，引起国际学术界高度重视。2008年“欧超联指南修改版”正式宣布原指南不宜用于肝硬化背景的早癌诊断，并首次引用陈敏华和中国的论文作为参考文献。陈敏华团队在超声造影领域共发表论文40余篇，被SCI收录9篇。2010年由世界超声联合会组织的首届指南制定研讨会上，陈敏华团队应邀参加，其近十篇论文在四个分组内得到参考应用，并在国际杂志发表。

陈敏华凭着坚忍执着、勤奋钻研、敢想敢拼的精神，创新医疗领域多个课题，赢得了世界赞誉，也实现了她多年的夙愿，中国人终于在国际肝癌诊断、治疗领域有了更多的发言权。

四、孜孜追求焕发流光溢彩

经历就是财富，陈敏华人生中最宝贵的青春年华，伴随着共和国发展的脚步，留下一串串坚实的脚印。在特殊的年代里，出身不好和家庭罹难，使她失去接受高等教育的机会。1969年，23岁的她被下放到甘肃平凉。落实政策回到医院后，已是1978年。经过这段磨难，陈敏华想得最多的就是如何把失去的时光补回来，只有一条路，就是把1天当作2天、3天来用。陈敏华在事业上的执着与拼搏是常人无法想象的。她要做的事情很多，首先是补回基础知识，她利用每天的午休时间请细胞遗传学家鄂征教授补习分子生物学。

陈敏华的拼搏精神不仅与她早年的经历有关，也与她在日本的留学生涯有关。1987年，她受原国家教委公派赴日本北海道大学留学，日本人努力工作、一丝不苟的精神给她留下了深刻的印象，而部分日本人的傲慢与对能力强、水平高的人的尊敬也令她难以忘怀。让她感触最深的是，中国是个肝癌大国，为什么少有中国人在国际学术会议上发言或主持会议呢？这一领域中国在国际上的学术地位让她特别不能接受。她在日本开始了艰苦的留学生活。短短3年，陈敏华在北海道拼出了自己的一片天地，成为了小有名气的"陈先生"，赢得了大学教授、同学的尊重。

留学期间，陈敏华的工作是超负荷的。白天在医院从事诊疗工作，晚上做实验、写论文。北海道大学医学部的深夜，整个大楼静悄悄的，而陈敏华却是那个每天点长明灯的人。因为她每天后半夜才离开学校，校门早已关闭，曾为国家二级运动员的陈敏华爬墙、跳窗出校成为了常事。

医院规定尸体解剖必须在晚上12点以后进行，只要听说有尸体解剖，陈敏华都不会错过机会。陈敏华的真诚、执着、勤奋令大家佩服，在日本的外国留学生甚至外科医生都愿意跟她学技术，也乐于帮她的忙。1969 年下放甘肃平凉期间，陈敏华曾得过克山病（地方性心肌病），留学日本期间由于坚持每天 16 小时以上的工作，一到晚上她就会心区不适、胸闷、头晕，不得不靠吸氧来坚持夜间的科研，直至科室氧气筒空了才被护士长发现。留学期间她的体重降了 20 斤，原来带去的衣服都没法穿了。总领事千昌奎知道后，“严厉”地批评她：“你的健康不属于你自己，属于国家……”

有些事情一直留在了陈敏华的记忆里。北海道的冬天经常风雪漫天。有一天深夜她在进行测量时突然胃部剧痛，抬头一看，已经是午夜两点了，这才想起自己已经 14 小时没有吃过东西了。她从医学部大楼的后窗户跳出去，迎着鹅毛大雪，踏着厚厚的积雪，走了 20 多分钟，大汗淋漓地赶回宿舍，用急火煮好了速冻饺子。然而，由于过度劳累，颤抖的双手已然端不住盛饺子的碗，饺子扣在了地上，她顾不得许多，从地上拾起饺子，用水匆匆一冲，就塞进了嘴里。那一刻，她的眼泪和饺子一起往肚里咽。还有一次也是工作到深夜，回到宿舍时，陈敏华才发现忘了带房门钥匙，万般无奈的她只好坐在宿舍冰凉的台阶上，一直等到天亮。那时她脑海翻腾，禁不住想：一个 40 多岁的女人，撇下丈夫和 10 岁的孩子，在异国他乡吃这样的苦，究竟是为了什么？沉思许久，她找到了答案：自己抛家舍业，出国求学，就是为了中华民族的崛起和振兴。国家经济刚刚起步，就送自己出来学习，必须珍惜这样的机会，再大的困难也要克服、要坚持。

留日期间，陈敏华完成了彩超及超声造影等多项肝肿瘤基础研究及临床研究，通过跟踪手术、对比其他影像诊断、参加尸解和大量动物实验等一系列枯燥却坚实的研究，掌握了大量一手数据及资料。留学三年，陈敏华发表文章十余篇，使北海道大学医学部放射科实现了高质量超声论文“零的突破”，并产生了一定国际影响。

北海道大学放射科给了她许多荣誉：请她担任医学部实习医生的教官，邀请她到各地讲学，指导外科医生轮转学习；在最后一年间，北海道道厅及大学、各医疗机构高度评价她为北海道医学发展做出的贡献，授予她7份感谢状及表彰状。当地电视台、《朝日新闻》等都报道了她的业绩，这也引起了《人民日报(海外版)》驻东京记者的关注，专程赶往北海道采访她的教授、同事，并在《人民日报》上以《天行健，君子以自强不息》为题对她的事迹进行专题报道。她的教授在给北京医科大学校长的信中称她为“日本医生和来日留学人员的楷模”。

回国的前一天，她结束工作走出诊室时，没想到，走廊里，日本的医生、护士分站两排，手拿着鲜花和纪念品早已静静地等候在那里，为她送行。大家还凑钱买了当时最昂贵的全自动相机和卡拉OK机，请陈敏华收下，以表达对她的敬意。北海道大学放射医生协会、妇人协会等多个机构还专门为她开了欢送会。陈敏华作为公费留学生，带着北海道各级部门的赞誉，向祖国、医院和亲人交了一份满意的答卷，同时带回的还有11个箱子，其中绝大部分是资料、仪器和最新型的介入诊疗针具。

由于肿瘤医院超声科人员变动，时任院长徐光炜等不到陈敏华拿到博士学位就十万火急地召她回国。当时，陈敏华的博士课程及论文已经完成，只差英语考试了。但她谢绝了日本教授给她出资，聘请美国老师教她学英语，完成博士学位英语考试的机会，也谢绝了留下来可以获得与日本医生同等丰厚待遇的机会，毅然按期回国。她说：“我留学是为了学成后报效祖国，现在医院和患者需要我，我没有任何理由拒绝。”虽然她知道这个唾手可得的博士学位对她今后的发展有多重要，但国内“军令如山”，她更应听从祖国母亲的召唤。

回国后的陈敏华成了名副其实的“光杆司令”，从最初只带一个年轻大夫，发展到一支驰骋国内外的团队，这期间无不浸润着她的心血。期间，陈敏华获得了第一期首都医学发展科研基金、国家“863”、北京市科委重大项目培育基金三个大项目的资助，使她对于肝癌早诊、局部微创的研究如虎添翼。她不敢懈怠，比在日本留学时更拼命工作，白天忙临床，晚上带着研究生搞科研。因为家住15层，每天要赶在晚上12点电梯停运前，拎着大包小包的资料回家继续工作，第二天上班前还要早起工作 2 小时。这样，她一天的睡眠时间往往只有 3～4 小时。

陈敏华对一些为晋升而写论文、为评成果而申请基金的做法很不认同。她坚持，大学临床医院的医生要围绕“挽救病人生命，减少病人痛苦，提高病人生活质量”来做研究、写文章；无论是写论文，还是申请基金，应该尽量着力于解决临床实际问题和促进学科的发展。

陈敏华主编的《消化系疾病超声学》倾注了她大量心血。写作过程中，她因子宫摘除手术意外大出血住院，可术后没几天，她就趁夜晚从病房偷偷溜回办公室继续写作。超负荷的工作，过于虚弱的身体，加之本来就心脏不好，使得她两耳不停地发出嗡嗡响声。从那以后她就开始头痛、浮肿，落下了不少病痛。为了高质量出版这本专著，她不仅个人出资，而且亲自参与设计，连印刷制作也亲力亲为。她选择了一家在深圳的香港公司来印制这本书。因为书中有大量的插图，对印刷质量要求很高，一周的印刷时间里，她穿着破旧的工作服不分白天黑夜地盯在印刷车间，手拿放大镜，一个图、一页纸地参与色差调整，一个印张一个印张地核对。晚上，她就在车间地上铺一些纸板和麻袋，趁着样板印出的空档打个盹，还一再提醒工人新版出来后一定要叫醒她。一开始，从香港来的印刷师傅还不知道这个穿着旧工作服的较真的大姐是谁，当得知她就是这本书的主编、知名的教授时，都被她一丝不苟、精益求精的工作精神所感动：“我们印了几千万册的书，从没见过这样认真的作者！”他们主动给她提供支持和帮助。印制公司的总经理听说后，亲下车间前来慰问，并与她成为了好朋友。

功夫不负有心人，这本凝聚着陈敏华多年经验和心血、印制精美的专著获得了国家优秀图书奖。有的同行告诉她“你这本书一直在我桌上放着，有问题我就去翻”，不少学生和年轻医生也都告诉她已经读了两遍了，这样的结果使陈敏华感到欣慰，她觉得所有的付出都是值得的。

肝癌消融治疗正在全国开展，当她看到不规范治疗带来的严重后果时，又一头扎进了下一本书的撰写中。2009 年，陈敏华耗尽心血撰写的 100 多万字的专著《肝癌射频消融》在人民大会堂举行首发式，这是全世界肝癌射频消融领域首部全面系统的专业书籍。它提出的适宜中国肝癌射频消融的规范化治疗指南，被国际权威机构认可并据此修改了国际标准。欧洲超声学会主席、意大利著名外科专家看到其中“难治性肿瘤消融方案”的章节，激动地称“这是世界上最系统的归纳分析，太了不起了”，并热情邀请她到意大利讲学。我国著名肝胆外科专家汤钊猷院士及影像学泰斗刘玉清院士破例为该书写序，对陈敏华赞赏有加。

当时，射频消融规范化治疗和难治性肿瘤的个体化治疗技术普及还没有受到医疗界足够的重视，几百家医院尽管购买仪器开始做了，但是面对中国肝癌治疗的严峻形势，规范性操作的推广还远远不够，需要尽快加强。这也正是她赶写这本书的原因。为了尽早完成这本临床亟需的专著，在繁忙的门诊、手术之余，她抓紧一切时间，甚至放弃了观看北京奥运会开幕式和比赛项目。最后一年多，为了集中精力，年过六旬的陈敏华将自己关在医院附近的宿舍里，几乎不与外界接触，每天工作到凌晨 2 点，经常以方便食品充饥。长时间的积劳成疾，导致高血压、浮肿、胃溃疡、两次高烧到 41℃、多次肝功能异常……她顾不上照顾儿女子孙，也默默忍受着亲朋好友的不理解。终于，这部她用生命和热血撰写的专著完成了。该书一问世便受到国内外同行的高度关注和肯定，更被业内权威人士誉为“目前世界上最全面的一本肝癌射频消融专业书”。

在陈敏华办公室的抽屉里，有许多她用过而舍不得丢弃的小橡皮头。由于常年写作，她右手食指的指纹已经磨平了，中指关节弯曲无法伸平，握笔处皮肤已磨出了厚厚的老茧。

虽然经常应邀参加国际学术会议，但陈敏华却不知道所到国家都有哪些旖旎风光，因为她除了开会就是在酒店房间修改学生论文或审稿（她戏称为“家庭作业”）。即使在飞机上，她也在抓紧时间工作。

她曾说：“能够救治更多的病人，少活几年也值。”自从下放西北时患上了克山病，她一直在与心肌病进行抗争。如今心房已扩大，心慌、头晕，夜间低心率（最低 27 跳），这些病痛时常伴随着她。每次做大肝癌、难治肝癌治疗前，她都会吸半小时氧气，服用一些药物，几小时的门诊或手术下来，第一件事就是赶紧吸氧。医院专家会诊后，决定给她装心脏起搏器。就在住院准备安装的第二天，得知装了之后不能再做射频治疗，她竟跳下病床就出院了。“射频消融多项突破性研究正到关键时刻，我怎么能中止呢？我怎么能不再给患者治疗呢？”同事多次提醒她，再这样拼命，容易中风，后果不堪设想。她笑笑说：“趁我还没到那个地步，先把自己用够了吧。”“33 岁开始进入超声领域，53 岁开始进入射频消融领域，时间紧迫，我没有办法不争分夺秒，没有办法不紧追快跑，我已经没有多少时间可以这样工作了。”

从日本留学到现在，“时间”是陈敏华接受采访时说得最多的一个词。这几十年来她都在与时间赛跑。夜晚的星光、月光伴着陈敏华办公室的灯光，她总是医院里最后一个离开的人。

“我盼望着能够利用超声和超声造影为患者解决早诊和局部治疗。在发达国家，如美国、欧洲、日本、英国等，对于疾病的主要影像诊断是靠 CT、核磁，但是中国的情况特殊，中国有 14 亿人口，国家能拿出多少钱购买这些昂贵的仪器？有多少生活贫困的人能看得起病？如果我们能用廉价的、微创的、没有放射性的超声解决诊断、筛查、治疗、随诊随访等问题，你想想它的意义有多大！多重要！我就要做好这件事情。”陈敏华一口气说完了这段话，可见其迫切的心情。

“我们终于迎来肝癌早诊及微创治疗的时代，这是使命也是机遇，但是，新技术操作、治疗不规范的现象实在不能再继续下去。”她忘记了自己的年龄，这些年马不停蹄地在外科学会、影像学会、超声学会、肿瘤学会等多个学术大会上宣传肝肿瘤局部微创治疗，呼吁微创治疗规范化，足迹从新疆到广州，从厦门到黑龙江，从地方到部队……

总结 40 余年来的临床工作经验，她在超声诊断及肝癌射频治疗两大领域完成了 3 部共计 300 万字的专著，发表论文近 400 篇(国际著名杂志 50 余篇)，为我国超声学科的发展和肝癌射频消融治疗技术的应用推广做出了重大贡献。

曾为北京大学常务副校长、医学部常务副主任的柯杨说：“陈敏华一辈子做了两辈子的工作。”肿瘤医院游伟程院长对她说：“有些人能做教授、做科主任，而你是一个科学家。”校院领导对陈敏华价值的“升华”让她觉得自己的担子更重了。

1985 年，陈敏华曾代表全国肿瘤大会获奖者在人民大会堂发言，其中有一段话令人印象深刻：“改革开放给科学带来了春天，也带来了机会。作为承上启下的一代，历史赋予我们更多的责任和义务……”25 年后，在人民大会堂举办她的新书发布会时，她说：“争取在医学领域有更多的世界领先，这个责任落在我们这一辈人身上，需要经过两三代人的努力，更需要医生及科学工作者忘我地工作、勇敢地探索、无私地奉献。这也是一种责任和信仰，一种医生必须具有的信仰，即爱祖国、爱医学事业、爱我们的患者，并愿意为这个信仰付出一切。造福患者，为国增光。”

医者仁心，大爱无疆。陈敏华就是践行这一理念的医者。

五、为了那些年轻的生命和期待的眼神

上善若水，陈敏华就是这样一股清泉，她用全部精力，滋润着患者的心田。这几十年她救治过多少病人连她自己也说不清。慕名而来的患者来自全国十多个省、市乃至美国、澳大利亚、印尼、蒙古国等国家。多家大医院的外科医生评价称“参照她的超声诊断可放心上手术”“她消融治疗的肝癌可获根治效果”。北京十数家三甲医院请她会诊或治疗肝癌难治病例，她过硬的诊治技术得到国内外同行的高度评价。一位澳大利亚肝病研究所的教授曾带着亲属来治疗大肿瘤，他观摩了手术过程及 CT 效果图，激动地说：“在我们国家还没有一个医生能达到你的技术水平。”

来求她治疗的肝癌患者多以中晚期和复发癌为主。有时候大肿瘤手术要持续 3～4 小时，她戏称像绣花一样，说“消融这些难治性肿瘤就像做一件工艺品”。而她的助手也常常是她最好的参谋，在助手的密切配

合下，陈敏华亲自为3 000余例肝癌患者进行了精心治疗。

她的病人中有将军、部长、教授、大学生、国企的老总，更有交不起医疗费的贫困患者。而对生活困难的患者，陈敏华给予了更实实在在的真诚帮助，有些根本不属于医生的职责范围，特别是对年轻的患者，她将他们当成自己的孩子一样，竭尽全力帮助他们。

北京某大学的一个研究生经过陈敏华的治疗，如今已经健康地生活了十几年了。在他身上陈敏华倾注了许多心血，给他做了精心的治疗，效果很好。至今想起那个夜晚的景象，陈敏华都会疼惜得眼里闪着泪花。“圣诞节的晚上，鹅毛大雪，全科晚上有Party。做完了他的治疗已近6点，我问他怎么回去，他说打车。因为刚做过治疗出了很多汗，他冷得直打哆嗦。我解下围巾给他围上，帮他系好衣领扣子，把包里仅有的2 000元塞到他女朋友的口袋里，告诉她一定要给他吃些补品。晚上的Party上我总在想，如果是我的孩子我该怎么办啊？他未来的路要怎么走？”经过适宜的综合治疗，一年后肝脏恢复正常的他，在一家外企找到工作。陈敏华为他能有一个好的未来感到由衷的高兴。

一位来自满洲里的男青年，因肝肿瘤在多家医院穿刺活检“未见癌组织”，就在他高兴地准备回家时，陈敏华却感觉这个质地复杂的肿瘤不能排除恶性。她再三说服患者并一直追到院外，要求在超声造影下亲自给他再取一次活检，最终的病理报告显示，这是一例罕见的脂肪瘤合并部分胆管癌。如今，这位已治愈的患者每年都来探望她，称陈大夫为救命恩人，而她也成了满洲里人心中的名医，每年都有不少疑难病患者专程来求医。

一位大肝癌患者由于在手术中出汗太多，说了一句“真想吃口西瓜”，手术后回到病房，刚刚走下手术台的陈敏华就捧着从街上买来的西瓜放在患者床前。患者激动地说：“当时真是一股暖流涌上心头，哪里找这样好的医生啊！”

有的患者病情重、肿瘤大，陈敏华常常前一天工作至半夜，第二天凌晨又去病房查看。她处处为患者着想，真诚地给他们以生活上的关心和帮助。

陈敏华常说："得了这种病已经很不幸，我们更应该理解、关爱他们。"她精湛的医术和对患者亲人般的关怀，赢得了患者的爱戴和信任，许多患者给她写信、赋诗、送锦旗。还有家属在患者去世后第一时间给她打电话："我妈妈刚刚走了，她嘱我转告您，非常感谢您，是您的治疗与关爱让她能有高质量的生活……"许多患者家属至今都是她的朋友。

陈敏华的手机里一直保存着这样一条短信，作为对自己的勉励："人们喜欢你，因为你坦承开朗少疑虑；人们热爱你，因为你宽容大度不妒忌；人们尊重你，因为你忍辱负重不谋利；人们学习你，因为你刻苦务实不浮虚；人们敬佩你，因为你不贪不色能律己。"

有一年春节，医院里举行了射频患者联谊会，那些曾被判"活不了多久"的肝癌患者们特地穿上新年的服装来参加，陈敏华和同事们在门口迎接他们并和他们亲切地拥抱在一起。那热情的赞誉、激动的泪水、一束束鲜花、一面面锦旗和一次又一次的掌声是对陈敏华及她的团队最好的褒奖。原定 2 小时的联谊会延长至 3 小时大家还不肯散去。在医患关系紧张的今天，这里被参会记者称为"当今医院罕见的一道风景"。

"新的一年又见到了他们"，这是陈敏华和团队感到最幸福的事情。

六、超越平庸，追求尽善尽美

从 10 年前在国际学术会议上张贴一张海报都没有位置，到近几年多次应邀担任国际学术大会主席，陈敏华用实力为中国在世界上赢得了荣誉与地位。这份荣誉背后，是她 40 余年的潜心拼搏，是她顾大家舍小家换来的。

陈敏华不但是医学事业的追求者，更希望做一位好妻子、好母亲。她的烹饪技术在医院小有名气，能在 15 分钟内为家人烧出可口的饭菜，科室同仁和研究生们最大的奢望就是吃陈教授做的美味拌面。追求尽善尽美的陈敏华无论在事业上达到了怎样的高峰，在精神上始终背负着极大的压力。工作成绩越大，对家庭和亲人的愧疚就越强烈。提起老母亲、丈夫、女儿、孙儿，她常泪眼婆娑。病人，亲人，在她面前是两条无法交叉的平行线，她的天平永远会偏向病人一边，而这是以牺牲家庭为代价的。为此，她心里充满歉疚。

陈敏华对丈夫的夸赞溢于言表："他是天底下最好最好的！"几十年来，丈夫给予了她真诚的理解、无限的包容与全力的支持，陈敏华说："没有他就没有现在的我"。丈夫在外是个"领导"，在家却甘愿做她的"秘书"。陈敏华对临床科研中的问题常会不停思索，但夜里朦胧中想到的方法有时一到早晨就怎么也想不起来了。看到她懊恼的样子，丈夫就约定夜里帮她做记录，所以床头柜前总是放着纸和笔，以备夜里随时被唤醒。但患有心脏病的丈夫却很难再入睡，只能服用安眠药。为了事业，她感到不仅牺牲了自己的健康，还连累了丈夫。更令她感到愧疚的是，近十年，丈夫经历心脏瓣膜置换术、搭桥手术、骨折住院等，她的亲友、同事、学生比她照顾的时间都多。

女儿 2 岁的时候因为无人照看，只能送去幼儿园托管，即使周末也多是和爸爸在一起。赴日本留学之前，陈敏华特意请提前退休的母亲来京照顾自己的女儿。谁知刚到北京，母亲就被查出罹患乳癌，陈敏华只能延后赴日行程以照顾母亲。母亲出院后 3 个月内每天都需要打针，这让陈敏华感到很为难。签证就要到期了，这难得的学习机会她不想放弃，无奈之下，她想到了 10 岁的女儿，便决定培训女儿给外婆打针。"女儿要强，这一点像我"，可是女儿毕竟年纪小，开始给外婆打针的时候总是噙着泪水咬紧嘴唇，打完之后一再小心地问："外婆，您疼吗？"

留学期间，每当思念年幼的女儿、患病的母亲和工作繁忙的丈夫，陈敏华就用文字记录下自己的思念、孤独和伤感。夜深人静的时候，她也会让泪水尽情地倾泻流淌。

有一次，女儿对她说："妈妈，我将来也要当一个好医生，但不是你这样的医生，我会照顾好我的孩子。"对于女儿内心的失落，陈敏华深表理解："女儿的青少年时代，我因为工作繁忙没有照顾好她，但如今她和我一样，很要强，凭着自己的努力，已在境外一家著名的医院做了医生。”陈敏华为女儿取得的成绩自豪，更渴望得到女儿的理解。

性格决定命运。陈敏华说，她在事业上的好强其实也来自母亲。母亲是一个追求进步的女性，曾是一名护士，后来又读完了医科夜大。27岁的她独自拉扯大了4个子女。陈敏华是家中长女，11岁时就帮助母亲料理家务，照看弟妹，吃了很多苦，儿时的经历养成了她坚韧的品格。操劳了一辈子的母亲住在上海，身患脑瘤、乳癌，陈敏华也只能利用出差的短暂时间去看望母亲，母亲总是恋恋不舍地拉着她的手：“你这就走啊，什么时候再来看我啊?”此时，陈敏华心碎了，禁不住把母亲搂在怀里，流下了热泪。最让她伤心的是，她因给患者会诊而未能见到母亲临终前的最后一面，这令她至今难以释怀。

然而，如果人生可以重来，陈敏华说，她还会做出同样的选择。

陈敏华是医者，更是师者；她既治病救人，又教书育人，注重培养后备人才，并管理核心团队。

今天，古稀之年的陈敏华，仍有一种时不我待的危机感。青春岁月已远去，但正值改革开放的好时光，有了党的培养、领导的信任、团队的努力，正是天时、地利、人和之际。她说：“生活上我能凑合，饮食衣着我都不挑，也不讲究，但我最怕没有时间。”

她总觉得时间不够用：“我还有许多事情没有做完呢，梯队刚搭建好还不够成熟，完成疑难病例的技术还需要磨练，我希望这个团队的年轻人能超过我。”而今她最大的愿望是，把影像指导消融的先进理念和有效的附加方法、策略等传授给从事治疗的医生；把肝癌早诊技术带进高发区；建立射频消融培训中心，推进规范化治疗的进程。为此，她自费从出版社购买自编的书低价卖出或赠送给同行、学生。

而今已逾七旬的她，依然忙碌在临床第一线，日程本上仍排满了每天的工作行程，即使高烧39.5℃也坚持不请假，只因“已约好了病人”。她发起组织了5个学术分会，举办中华医学会肝癌消融规范化治疗培训班，推广先进理念和技术，已办7期，培训数千人，有时讲课至晚上10

点，她仍不厌其烦地解答学员的问题，收获了学员们的热烈欢迎和高度评价。她心系基层，为推广技术，主编《医学参考报——超声学频道》，内容丰富多彩。

在繁重的临床工作外，陈敏华桃李满天下，培养了20多位博士生、硕士生。谈起陈敏华的言传身教和严格要求，一位名叫董巍的学生，在2016年发给陈大夫的微信中，曾这样深情写道：

请允许我叫您一声老师，和您相处的一个多月的时光非常宝贵，我很珍惜！我没想到在这里的收获这么大！第一天在图书馆看您主编的《肝癌射频消融》，这本书中照片上的您是那么精神炯烁；第二天第一次见您时，您重感冒、急性喉炎说不出话来，但是依然坚持把一上午的门诊看完，而且是很认真地看完。我能感觉到患者和家属的满意，也为这些患者术后良好的恢复效果所折服。您从来不标榜自己做得多么好，您和我说得最多的是“规范、规范、再规范”。在重感冒的情况下，您又连夜赶稿，周末连续开会发言，让我们这些年轻人都自叹不如！看着您那些堆积如山的操作图片，还有珍贵的操作要点，我这个天天写手术记录的医生自愧不如，而且您的这些资料文件从来不流于形式。在您的带领下，我能感受到整个科室那种团结、谨慎、拼搏的氛围。严昆主任、杨薇老师、吴薇老师都对我很好，从来没有高高在上的感觉，就连可爱的护士姐妹们都在我观摩学习射频时报以微笑，我有什么不知道的她们都会及时告诉我。这次，很遗憾没有在5月的培训班上听到您团队的讲课，不过我会在9月的培训中弥补这一遗憾。最后我想和您说：您一定要注意身体，每次看到您在深夜发朋友圈，都想和您说一声早点休息。我很想和您继续学习一段时间，感觉自己拥有的知识还是很肤浅，希望以后还有机会来您这儿深造。

陈敏华40余年来不断勇攀高峰，不仅完成了从诊断到治疗两个领域的专著，创建了数十项新技术和成果；她还组织全国专家完成了《国内肝癌早期诊断超声造影》及《介入超声》两项指南，并参加国际两项相关指南的制定。目前，她又在夜以继日地编写《介入超声学》专著，而

《肝癌射频消融》的修订版以及英文版的组稿、出版也已迫在眉睫……这些几乎占用了她所有的业余时间。

有人曾问她，几十年不懈追求的动力源自何方。“心里想着患者，想着事业，是新中国培养的这一代医者的责任吧！”这就是一个医学科学家的答案。

为此，《人民日报》曾专题报道《陈敏华用中国标准征服世界》，并配发评论《莫丢信仰》，赞扬她热爱患者、忘我工作、为国争光的精神。被称为“拼命三郎”的陈敏华是令人敬佩的，因为她的“拼命”及“争强好胜”开创了一个又一个新领域，使患者的生命多了一条又一条绿色通道。没有这样的胆识与践行就没有今天的陈敏华和她的事业、团队。陈敏华是可敬的，她的可敬在于她的可爱——侠骨柔情；陈敏华是可爱的，她的可爱在于她的可敬——柔情侠骨。

结束访谈的时候，夜幕已悄然降临，走在初春夜晚的街头，我脑海中呈现的陈敏华大夫，是一个单纯透明的人、爱憎分明的人、坚韧不拔的人、刚柔并济的人，更是一个懂得大爱、勇于担当的人。她的人生如一支点燃的蜡烛，燃烧自己，照亮他人。

恰在此刻，手机微信中传来陈敏华大夫发来的微信：

刘老师好！前40年的临床经验科学研究已经成为过去。现在的我一不小心已经到70多岁了，应该做的事情就是“授人以鱼，不如授人以渔”。我现在热衷于写书、办学习班，把新技术传授给同道学生。其实目前的科技界、医学界最需要严谨、规范和医德教育，从而达到万紫千红，普惠更多患者，传授更好的医德医风。这是我的主题。不知你是否赞同？

看到此，笔者内心一热，初春雨后，料峭夜风里，吹来一丝丝暖意。现代都市，万家灯火，行人匆匆，蓦然回首，那人、那医生、那巾帼女杰、那颗耀眼的明星，却在灯火阑珊处！

走近“妈妈教师”

——记北京市特级教师　郑丹娜

刘俊杰

人物简介：

郑丹娜，女，1973年生，朝阳区垂杨柳中心小学副校长，北京市特级教师。2009年教师节，《焦点访谈》以“爱一朵花就陪她绽放”为题，播出了一位小学教师每天与学生书写“悄悄话”的故事，这位老师就是郑丹娜。“悄悄话”小本诞生于1998年，她用私聊的方式和学生笔谈交流，关心他们的内心成长，内容包罗万象，慢慢地她成了孩子们的知心朋友，20多年来，她用几百万字的“悄悄话”，走进学生的情感世界。她还提出了“全接纳—慢引导”的教育理念，不断探索构建“生命成长共同体”的育人实践模式。

一、长大后我成了你

2019年“六一”儿童节前的一天下午，笔者忙里偷闲，驾车来到北京市朝阳区垂杨柳中心小学。走进校门，就被稚嫩的童声合唱所吸引，抬眼看去，只见一群身穿校服、佩戴红领巾的孩子，在浓荫下排成三队，正在队前指导教师的手势引导下翩翩起舞，边舞边唱："蓝天多一点，阳光多一点……"那歌声有如天籁之声，打动着过往人们的心扉。和煦的阳光下，仿佛几十只美丽的蝴蝶，在律动的引领下飞舞，构成一道夺人眼球的风景。笔者情不自禁地掏出手机，记录这美好的瞬间……

在教学三楼整洁的办公室里，笔者见到了郑丹娜。她年过四旬，留着齐耳短发，戴着眼镜，穿着白色上衣，俭朴而大方，温文尔雅，凸显着一名从教多年的女性教育工作者的成熟与睿智。采访在不经意间展开，没有客套，也没有隔膜。聊起教育，聊起孩子，聊起学校和社会，郑丹娜深邃的眼神倾注着热情和专注……

世上许多事都是缘分使然。她还记得，小时候和妈妈一起坐公交车，经过"垂杨柳"这一站，售票员阿姨报站名说"'垂杨柳'到了，请下车"时，年幼的郑丹娜正在读《水浒传》，还以为是鲁智深倒拔垂杨柳的那个地方，事后才知道它与鲁智深没有任何关系。那时，她就对这个地方产生了深深的好奇，幻想这里一定有很多的杨柳树……1993 年师范毕业后，不满 20 岁的郑丹娜被分配到垂杨柳中心小学任教，恰好圆了她儿时的杨柳梦。

20 多年过去了，已过不惑之年的郑丹娜，早已脱去昔日的稚嫩娇气，成为全国名师，并担任垂杨柳中心小学党支部书记。岁月没有抹去她的记忆，她还清楚地记得当年镌刻在校门口的，让她印象深刻的"幸福的家园，成长的乐园"这十个大字。此外，她还记得大门南北 50 米两侧，各有一块标志牌，上面写着"家长接送孩子，到此止步"，这是学校为了避免家长接送孩子时围堵校门而设立的警示线。南边的标志牌对面有一棵很粗壮的垂柳树。后来，这棵树成为她所带班级为学生指定的上学、下学集合地点，家长接送孩子都到此止步，她带的班从没有孩子因为接送时超越学校设定的标志牌而被提醒。

当年，她怀揣着好奇与欣喜成为了一名新教师。为了使刚毕业的年轻教师健康成长，朝阳区教委和学校都非常重视对新教师的培训与培养，多次邀请朝阳区优秀班主任王常虹老师、全国著名班主任丁榕老师来学校作报告，带领她们学习一心献身山区教育事业的张继业老师的事迹……

薪火传承，学校还给她们这些青年教师请了师傅，进行一对一指导。当时的年级组组长何秀兰老师就是郑丹娜的师傅。她还记得，一个阳光明媚的下午，何老师跟她聊起教师的专业发展，语重心长地告诉她，一个好老师可以有三个发展方向：名师、名校长和教研员。实现这三个目标，都要经历艰苦的努力，必须趁年轻多积累、多学习，千万别等多年后才后悔自己失去了学习的黄金时光。何老师朴实的话语，给了她很多启发。感动之余，郑丹娜在心里暗下决心，要努力成为像丁榕老师、王常虹老师一样的好老师。为此，多年来她一直不敢懈怠，一如既往地向着最初的志向——“做个好老师”奔跑。

岁月，是丈量一个人品质和毅力的尺子。多少年来，她不忘初心，一步一步，努力前行，在师傅的指点和引领下，在榜样无穷力量的鼓舞下，才有了今天的成绩。

郑丹娜依稀记得，刚毕业那年，学校缺科任教师，她被指派当了一年的科任教师，这对于没有受过音体美专业训练的她来说，很有挑战性，好在校长答应，如果干得好，第二年会安排她做班主任。一年里，她除了认认真真地教好自己所负责的四五六年级的美术和历史课、三年级的劳动课，还有学前班的体育课外，还热心学校其他工作，圆满地完成了学校交给的任务，第二年郑丹娜如愿转正，当上了一年级的班主任，教语文和数学。

那一年开学前，学校进行了内部装修。8月底，当郑丹娜提前来到学校，去看她和孩子们的新教室时，发现教室内一片狼藉：桌子、椅子、地上到处都是厚厚的白灰。她没有抱怨，而是把所有的桌子都搬到教室外面，然后一点点地清扫地面，用墩布擦了十几遍，才让地面露出亮光。之后，她又一张一张地清洁桌椅，都擦干净之后，再把桌椅搬回教室，对齐，码好。足足三天，从早到晚，每天她都弄得灰头土脸。当她站在干净整齐的教室里准备迎接新生时，脸上终于露出了笑容。

当了班主任后，郑丹娜要带四十几个孩子，常常把她搞得顾此失彼。初当班主任太难了，教室在一层，办公室在三层，她却经常忙得连去喝口水的空儿都没有。面对叽叽喳喳的孩子们，经验不足的她有时也会表现出不耐烦，这时最常说的一个词儿就是“闭嘴”！

但有一次，这句“闭嘴”用错了地儿，险些闹出大误会。

那天，她正在家里接一个电话，父亲从外面走进来，高声地跟母亲说着什么，吵得她几乎听不见电话那头的声音，她不过脑子地顺嘴溜了一句“闭嘴”。不明就里的父亲怒目圆睁：“你跟谁说话呢？”郑丹娜立刻意识过来，语气也变了，连忙道歉：“对不起，爸，我最近说学生说习惯了，刚才顺嘴就溜出来了。”父亲这才渐渐消了气。

事后，母亲专门跟郑丹娜谈起这件事，嘱咐她跟学生也要心平气和地交流，避免这种大声叱喝的方式。这件事引起了郑丹娜的反思：用这种简单呵斥的方式对待天真无邪的孩子，其实是教师无能的一种表现。面对玩闹的孩子们，优秀教师需要的是方法、是引导，而方法只有从学习中才能得来。

后来，郑丹娜读到一本书——台湾林正文教授撰写的《儿童行为的塑造与矫正》，里面系统地介绍了巴普洛夫的条件反射原理、正增强效应、代币制原则……还有很多精巧的案例。其中有这样一个案例：一个孩子不听讲，上课总是坐不住，稍不留神就走神。为了培养他的听课习惯，老师把他请到办公室，郑重地递给他一只红粉笔，告诉他：“请帮老师一个忙，课堂上讲到重点问题的时候请你把红粉笔送上来，老师要用红粉笔标出重要部分。”孩子愉快地答应了。从那天开始，老师上课讲到重点时都会停下来，请这个孩子送上红粉笔。一段时间以后，孩子和老师达成了默契，只要老师看着他，他就会明白老师需要红粉笔了，便立刻送上来。又过了一段时间，不用老师再有任何提示，孩子会主动在老师讲到重点时把红粉笔送上来。孩子已经学会了判断重点，好的听讲习惯也已经养成了。

初为人师的郑丹娜还不懂教育，也缺少方法，对于工作中的疑难问题，借鉴他人经验是解决问题的主要途径。鲁迅先生曾经提倡过“拿来主义”。她想，拿来别人的方法，充实自己的智慧也未尝不可。于是，郑丹娜准备了一个简报本，把报刊上看到的方法裁剪下来，分门别类地整理、收藏。除了向书本学习，她还努力寻找机会，拜师学艺。

郑丹娜曾经读过一本名为《责任胜于能力》的书，这本书让她意识到，人与人之间的智力差别并不大，能力水平也没有太多的分别，成功与否在很大程度上取决于你是否勇于承担责任。

1998 年 11 月，学校德育主任找到郑丹娜，问她是否愿意参加朝阳区级课题研究。那时候，郑丹娜还不太了解课题研究，但她想领导找到自己，就是对她的信任，于是痛快地接受了这个任务。李主任给了她 3 天时间，选准课题、做好前测并完成开题报告。3 天里，郑丹娜翻阅了大量资料，由于时间紧，她每天只睡 2～3 小时，并多次去向身边的专家、老师请教。到了第三天，郑丹娜如期完成了 3 万字的开题报告。令她没有想到的是，这份开题报告竟然被区里评为优秀开题报告。因为选题有意义，区里专门为她指派了指导专家，组建了研究团队。经过一年的研究，郑丹娜在此基础上撰写了研究报告，获得了当年朝阳区德育论文评比一等奖。

当郑丹娜捧着奖状，感谢李主任给她这个机会时，李主任坦诚地说：“这个研究任务时间紧、难度大，我没有想到你能够勇于承担，迎难而上！是勇担责任给你带来了机遇。”李主任的一番话，给郑丹娜带来了深深的思考。时至今日，郑丹娜还铭记着李主任的话，而尊重领导，快乐地、毫无怨言地接受任务早已变成了她的习惯。她认为，作为一名人民教师，只有发展好自己，才能更好地引导自己的学生。教育孩子们尊重老师，教师自己首先应该懂得尊重领导；教育孩子们学会承担责任，自己就该作勇担责任的表率。

1998 年 9 月，郑丹娜又接任一年级新生的班主任。开学初，郑丹娜到朝阳区教研中心参加教材辅导，担任培训的钟秉琴老师介绍教材的方式别具一格，还把自己多年的经验与教学小妙招介绍给大家。这些小妙招既能让孩子们牢牢地记住易错点，又能让课堂变得生动有趣。郑丹娜被钟老师精彩的讲座吸引了。培训结束后，她主动给钟老师写了一张小纸条。

敬爱的钟老师：

您好。

我是一名年轻教师。我非常喜爱语文，但由于缺乏经验，语文课上得索然无味。今天听了您的讲座，心里很激动。我渴望参加您的语文中心组，跟您学一学怎样上好语文课，让我的学生也能感受到语文学习的乐趣。

垂杨柳中心小学　郑丹娜

令郑丹娜深感意外的是，过了不久，钟老师果真来听她的语文课了。那节课郑丹娜精心准备，课上得比较生动，钟老师很高兴，同意她加入区语文中心组。进入中心组后，郑丹娜有机会听到许多优秀教师的课，她非常羡慕中心组的优秀教师们能够把课上得生动、娴熟。钟老师告诉她，要想讲好一堂课，第一步是过好教材关。怎么过？首先要从背课文做起。按照这个要求，郑丹娜认真地把教材中的每一篇课文都背诵下来。上课时她不拿教材，也能跟学生对答如流，她的语言生动性、准确性也有了很大提高。接下来她又按照钟老师的要求，在每个单元中至少找出一篇课文做“精备”。精备到什么程度呢？一是能够绘声绘色地朗诵，并能准确地说出课文的重点、难点。二是认真地撰写教案，把上课时每一句要说的话，要有的过渡语，一字不落地写出来。三是预设课堂上学生的各种提问，将不同的应对方式和评价语言也一字不落地写出来。

在这个基础上，郑丹娜还对自己提出了更高的要求，每节课至少要有两处亮点，就是能够调动学生积极性的，吸引学生参与的突破点，让他们总能感到新奇，乐于参与。为了达到这样的教学效果，她常常绞尽脑汁。比如，在备课《落叶》时，她到处寻找落叶，为的是让学生看到落叶不同的姿态；备课《奇妙的圆》时，她睁眼是圆，闭眼是圆，甚至连做梦都与圆有关；备课《两只小狮子》时，为了让学生理解狮子的滚、扑、撕、咬，她到处寻找视频材料，并在王府井书店买到了光盘，如获至宝地放给学生们看，增加学生的理性和感性认识。

作为语文教师，要具备情感感染力，而郑丹娜的性格比较内向，起先她总是过不了这一关。钟老师建议她对着自己的宝宝练习。当时正是儿子咿呀学语的时候，她就每天给儿子讲故事，还连讲带表演。看着母亲手舞足蹈的样子，不谙世事的孩子被逗得咯咯直笑。家里人看着她蹦来跳去的样子，都说她“抽风”。

一来二去，郑丹娜的胆子渐渐地大了起来，在听她讲《太阳》一课时，钟老师高度肯定了她的情感投入。也是从那次开始，她终于找到了语文教师情感充沛的感觉！

百尺竿头，更进一步。通过不断的学习和不懈的努力，郑丹娜的教学水平有了很大进步，她所做的研究课多次受到好评，2000 年她被评为“垂杨柳学区语文学科骨干教师”。在钟老师的指导下，她又先后在区里做了《燕子妈妈笑了》《爷爷和小树》《我坐上飞船》等研究课，逐渐被区内同行认可。与此同时，她还撰写并发表了多篇论文，在北京市乃至全国获奖，2004 年，郑丹娜被评为“北京市语文学科骨干教师”。

2005 年，郑丹娜崇拜已久的北京市特级教师——薛晓光老师来听她的课，当时她讲的是《威尼斯的小艇》一文。那是她第一次在自己久仰的名师面前讲课，也是她第一次尝试用现场质疑的方式来了解和解决学生的问题。由于紧张，第一节课讲完，她已经浑身是汗。课间休息 10 分钟，马上就是下一节课的解疑品读。这时，薛老师把郑丹娜单独叫到教室外面，她很忐忑，但没想到薛老师对她竖起了大拇指，称赞她悟性高。薛老师的鼓励使郑丹娜更加自信，第二节课时她发挥得更好。那节课后，郑丹娜也实现了拜薛老师为师的愿望。

二、雏鹰展翅，天高任鸟飞

三尺讲台不大，但小小讲台迸溅的思想火花却可照亮万里夜空。郑丹娜努力追寻着自己的理想，学名师做名师；并在自己的教学生涯中一步一步践行着自己的人生理念。2006 年 5 月，她梦寐以求的愿望变为现实，随薛老师到内蒙古支教。为此，她兴奋了好几天。

在火车上，薛老师一路带着前往支教的教师研读文本。郑丹娜和另外两位教师都是第一次到异地讲课，有些底气不足，薛老师一边帮她们分析教材，一边不断地鼓励她们。来到驻地，郑丹娜的课是第三天才上，但当天下午她就见到了即将听课的学生们，五十几个孩子在窄小的教室里坐得满满的，紧紧挨着教师的讲台。五月的扎赉特旗，天气已经转热，教室里满是汗味。条件虽然艰苦，但孩子们的眼睛却格外纯亮。看着那一双双渴求知识的眼睛，郑丹娜下定决心要把课讲好。

当晚，郑丹娜又一次来到薛老师的宿舍，和薛老师反复研磨教材，直到很晚才回到自己的宿舍。这时候，夜更静更深了，另一位与她同去支教的教师已经睡着了。为了不打扰她，郑丹娜关着灯躺在床上，仔细回味着薛老师对教材的品评分析。因为突发灵感，她悄悄来到厕所，借着微弱的亮光写下自己的思考。第二天，她早早起床来到宾馆楼下，悄悄找了个角落，对着墙壁绘声绘色地把课讲了一遍，讲到课文动情处，她自己都被感动了。从小到大，安徒生的《丑小鸭》这个故事她已读过多次，但直到那天她才真正读懂了小小的丑小鸭的机灵可爱：它用自己的方式坚强地等待，默默地忍耐，从来没有放弃自己的理想——成为一只白天鹅，而这不正是安徒生身世的真实写照吗？郑丹娜的内心燃起了对丑小鸭、对安徒生的无比崇拜。她决定用知识的火炬去点燃这些纯朴的学生的内心，照亮他们追求光明、追求真理的道路。蓦然，郑丹娜感到了肩负重任的沉重！

那次的课获得了极大的成功，课堂上，质朴的孩子们感动得哭了，在场听课的扎赉特旗的老师们哭了，薛老师也感动得流下泪来。薛老师的指导完全被郑丹娜吸纳和领悟了，她的教学使丑小鸭的形象深入到在场所有人的心中。也是那次教学使郑丹娜重新认识到语文的力量，更加明白了语文课教学工具性与人文性的统一。

2007 年 10 月，郑丹娜跟随薛老师到南京参加第一届全国识字教学大赛，她执教的《活化石》一课受到了评委的一致好评，获得了一等奖。

难忘师恩，一路走来，郑丹娜很幸运得到了几位优秀老教师的真传。而丑小鸭的形象与精神也不断鼓舞她朝着目标不懈努力。在感谢恩师的同时，她也不断提高自身素质，边学边干，边干边学，既指导自己教好书，又引导自己和学生做好人。教书育人的岗位使郑丹娜增长了智慧；众多恩师的指导，使郑丹娜由一位青年教师华丽转身，成为享誉朝阳区的教学名师，教学水平再上一个台阶，班主任工作也做得越来越得心应手。由于带班出色，2002 年郑丹娜荣获北京市“紫金杯”班主任特等奖。

回眸自己的成长经历，郑丹娜深有感触：“研究表明，参加工作后的 5～10 年，是一名教师教学能力提高最快，逐渐走向成熟型教师的重要时期。这一时期教师的主要任务是：充分积累教育经验，能够比较好地应对教育中的偶发事件，使教育教学能力逐步稳定。在此基础上，在教育教学工作中逐渐成为骨干力量。”

同时，专家也指出，如果不能一直保持坚持不懈的斗志，大多数教师会停留在这一层面。美国教育学会出版的《谁是一位好教师》一书中指出：“教师服务成绩评定的总趋势是曲折前进的。在教学的头几年，随着教学经验的增加，教学效果显著上升；教学 5～10 年以后，教师习惯于已有的教学程序，进步的速度就不像以往那样快，甚至有逐步下降的趋势。如果不进修，即使再教 20 年，也不会有多大进步，到后来就会出现衰退的现象。”郑丹娜对此深有体会。

如何才能提升自我素质，成为一名与时俱进的教师？郑丹娜结合自身经验认为，必须眼界宽广，克服“高原现象”。这本来是心理学中的一个概念，指的是在学习或者技能的形成过程中，练习的中后期往往出现进步的暂时停顿或者下降的现象。在曲线上表现为保持一定的水平而不上升，甚至有所下降。但在“高原现象”之后，也可以看到曲线的继续上升。个体职业生涯中的某一阶段，也会有高原现象，被称为“职业高原”，也称“职业生涯高原”，是指在职业发展趋于成熟的过程中，由于某种原因而产生厌烦情绪，失去动力。个人职业发展过程中如果不能突破这一高原，个体职业生涯的进一步发展将会受到严重限制。

国内外教育专家研究表明：80%左右的骨干教师很难逾越“成长高原期”，而终身停留在“成熟期”阶段，最终成为一般的教书匠。回顾自己的成长经历，郑丹娜也经历过高原期。参加工作十几年后，年过 30 的她，作为学校的骨干教师，加上孩子比较小，工作和生活都面临较大压力，也曾一度感觉力不从心，产生了人到终点马到站，应该停下来歇歇，享受生活的念头。

2004 年 7 月，她在完成一节市级示范课之后，突然病倒了，住进医院做了手术，整整一个暑假都在病床上度过。那段时间，她想了很多很多，真觉得有些力不从心，很想找个没人认识的地方，找个简简单单的工作。

2005 年，郑丹娜参加了北京市的一个班主任高级研修班，丁榕老师的事迹又一次感动了她，卢勤老师的那句“告诉孩子你真棒”也深深地鼓舞了她，再次吹起她理想的风帆。王宝祥教授为她们介绍了教师专业波浪式渐进发展的不同阶段，其中特别提到“高原期”现象是教师专业发展的必经阶段，“高原期”既是教师专业发展走向阶段性成熟的表现，也是教师专业发展的瓶颈，只有超越高原期，才有可能再进步。

教师成长过程中的挫折与教训，是一个很重要的不连续的方面，也是积极处理自我与周围环境冲突的重要关键期。这里所说的周围环境，不仅仅指物质环境，更重要的是指自我与周围其他人的关系。弗洛伊德说：“痛苦来自 3 个方面，来自我们自己的身体，它注定要衰老和死亡，甚至无法免除作为危险信号的焦虑和痛苦；来自外部世界，它能用最强大的和最无情的破坏力量对我们大发雷霆；最后，来自我们和其他人的关系。"最复杂、最不容易理解的是第三个方面的痛苦，即自我与其他人的关系。痛苦都是个体化的，是有高度个人色彩的体验。每个人在不同阶段的痛苦也是不同的。郑丹娜的痛苦从某种意义上说，是处于"成长高原期"的反应，所遇到的困难正是对其意志的考验。作为一名教师，就要培养学生坚强的意志和乐观向上的心态，就应该有应对困难的勇敢。作为孩子的妈妈，如果在困难面前当逃兵，怎么堪称儿子的榜样？

回到原点，不忘初心，自己的目标是做个好老师，而好老师就必须具有优秀的品质、坚强的毅力，必须努力摆脱高原期的困扰。有了这样的动力和追求，郑丹娜犹如满帆的航船，在浩瀚的大海上迎风破浪，向着好老师的彼岸艰难航行！

眼界高远，追求远大，人生才有持续前进的动力。2004 年 11 月，北京市首届德育大会上，郑丹娜代表全市 5 万多名班主任，做了题为"关注学生情绪情感，培养学生良好习惯"的发言。从此，她更加注重对学生习惯的培养和对情绪情感的关注与研究。2006 年 10 月，郑丹娜撰写的《走进心灵，感受心灵，培育心灵》一文，被《北京日报》《现代教育报》报道，北京电视台《北京新闻》栏目也报道了她和学生开展"悄悄话"的故事。同年，她被评为"北京市首届十佳班主任"，朝阳区教委为她召开了班主任名师研讨会。2008 年，她的第一本个人著作《中国孩子成功教育法则——郑丹娜老师写给孩子们的悄悄话》正式出版，同年，她荣获"全国模范教师""全国先进工作者"称号。2009 年教师节，中央电视台《焦点访谈》采访了她，并以"爱一朵花就陪她绽放"为题，播出了郑丹娜和学生的故事，感动了全国许多观众。

2009 年，郑丹娜被推荐参加首届"北京市班主任工作室"学习，并向自己的导师——张红老师谈起自己与学生互写悄悄话的心路历程。听了她的故事，张红老师感慨地说："丹娜，你的班主任工作可以用两个字来概括——‘接纳’。你之所以能够走进学生的心灵，是因为作为班主任，你能够接纳每一个孩子，接纳孩子的每一个行为，甚至是错误和抱怨，于是孩子们也接纳了你，对你敞开了心门……”

张红老师的指导使她备受鼓舞，“走进心灵，感受心灵，培育心灵”是郑丹娜对班主任工作的追求，而“全接纳—慢引导”则是她坚持的工作理念。因为感受到了心灵的呼声，所以她能够全接纳；因为能够全接纳，所以学生才对她敞开心灵的大门。换而言之，“全接纳”是她走进学生心灵的前提，“慢引导”是她培育心灵的方法。

“北京教育丛书”编委会主任吴元建非常赞同郑丹娜的理念，也很看重她撰写的班主任工作反思与提升的书稿，希望她的新书成为“北京教育丛书”之一。从 1986 年至今，北京市几十万名中小学教师中，只有不到 200 人成为这套丛书的作者。郑丹娜十分珍惜这样难得的机会，经过几年的精心修改，2012 年，《全接纳，慢引导——心灵的教育》一书正式出版。

2014 年 9 月，在教委和学校的推荐下，郑丹娜有幸进入“中国教育科学研究院”做访问学者，吴安春教授成为郑丹娜的导师，指导她对德育和传统文化的研究。在吴教授的帮助下，郑丹娜确定了“全接纳—慢引导，构建生命成长共同体”的研究课题，向着更加深入的研究方向迈进。

迈过一个门槛，进入一个新的领域和高度，郑丹娜在超越了成长高原期羁绊后，工作更加出色，教学效果更好，深受学生欢迎，也为同仁所熟知，为社会所认可。

只有耕耘，才有丰硕收获。2014 年，在各级领导和多位专家的培养下，郑丹娜荣获“北京市特级教师”称号。2017 年，她晋升为正高级教师。“心灵追求高尚，事业追求卓越”成为她前进的动力。

在采访过程中，郑丹娜在娓娓讲述昔日工作的经验与教训时反复强调，自己不是“工作狂”，更不是“女强人”，只是追求在教育工作中体验人生的价值，在家庭中感受生活的美好。工作中，她团结同事，善待学生，合作家长；生活中，她孝敬长辈，呵护孩子，体贴爱人。她觉得每一个人都是社会和谐的一个小分子，做好自己，多想到别人，带给别人幸福，自己才幸福，幸福的教师才能培养出幸福的学生。

三、诠释“全接纳—慢引导”理念，构建生命成长共同体

名师出高徒，在采访中，郑丹娜自豪地告诉笔者：她教过的学生，有的考入北大、清华，有的出国留学，有的成为博士研究生，有的在各自不同的岗位奉献着自己的人生。柳宗元早在《师说》一文中就曾倡导：“弟子不必不如师。”而今，纵观郑丹娜教育研究的成果，有的早已超越曾经辅导过她的老师。教育的真谛，就是薪火相传，长江后浪推前浪。下面，就让写作的镜头，聚焦郑丹娜的科研成果《“全接纳—慢引导”，构建生命成长共同体的实践探索与理论思考》，初看起来，标题有些长，但读起来却通俗易懂，浅显易明。

“全接纳—慢引导”理念的提出背景

生命是人类最宝贵的东西。但受近代科技理性和工具理性的影响，社会功利主义严重，制约着当下中国教育的健康发展，社会上表现出诸多生命焦虑与困惑现象。

首先是“家长生命纠结——家校矛盾凸显”。

分数和升学率是社会转型期衡量学校和教师的重要标准。望子成龙，望女成凤，是当下老百姓对优质教育的呼声。但对优质教育的认识却摇摆不定：既希望孩子快乐成长，又担心“输在起跑线上”；既呼唤减轻过重课业负担，又带孩子奔波于各种补习班；既希望学校是学习和成长的场所，又不时把对食品安全、空气质量、环境污染等社会问题的担忧波及学校……近些年，社会上屡屡爆出小事件升级为家校矛盾的现象，家长到学校兴师问罪、学校被告到上级部门的情况也屡见不鲜。

其次是“教师生命焦虑——教育情怀下降”。

家长的挑剔与苛求、长期以来唯分数论的考核与评价体制、市场经

济利益至上的价值舆论和导向，使许多教师处于担忧、焦虑、纠结的不良情绪中。教师生命状态紧张，教育情怀下降，教育者的责任感和义务感不断减弱……只关注分数，缺少对学生生命的全面欣赏、聆听、悦纳和引导，为了分数恨铁不成钢，教育言语简单、教育行为粗暴，对学生辱骂、体罚的现象时有发生。

最后是“学生生命紧张——成长受到干扰”。

生活的快节奏，碎片化阅读、不良媒体的垃圾信息，荼害了部分师生的思想，割裂、生硬、冲突、功利化的教育环境，单亲家庭、离异家庭的影响，使得孩子们的情感日益荒漠化。

班级是孩子们学习和生活的主要场所，这里本该是同学之间付出爱、感受爱的生命场，但是简单在分数上的比拼、学业上的竞争，使合作、关爱的种子很难在班级生根发芽。家庭和学校教育的不和谐、家校关系的紧张和冲突也使正处于生命成长初期的孩子们夹在其中，无所适从。

基于“全接纳—慢引导”理念的教学实践

针对这种日益复杂的教育现状。课题主持人郑丹娜从1998年就开始探索与学生互写“悄悄话”。她和所带班的学生们约定：每个人准备一个小本子，可以和老师写“悄悄话”：高兴的事、报喜的事、忧愁的事、诉苦的事……可以无话不说。老师在孩子们各自的本子上回复和引导。至2019年，累计数百万字的悄悄话回复，使她更加全面地关注学生的生命成长，并逐渐提炼出“全接纳—慢引导”的教育理念，即“接纳所有孩子”“接纳孩子所有”“尊重成长规律”“尊重个体差异”。

2013年，郑丹娜带领课题组用“全接纳—慢引导”的教育理念，构建班级的生命成长共同体，使“全接纳—慢引导”成为教师、家长共同的育人理念，科学助力孩子成长。同时，也培养孩子的接纳品质，学会处理好自我与他人的关系，培养良好的社会属性。此外，学校采纳郑丹娜的建议，组建班主任研究团队，开展“师生和谐沟通的研究”，引导教师们用“悄悄话”“心灵日记”等方式关注学生心灵，理解成长困惑，全面培育学生成长。

课题组的研究，犹如一颗种子在校园内外发芽出土，开花结果。课题组先后两次在松榆校区，抽取同一批家长、学生，通过数据调研，反馈课题的研究效果和改进方向，逐渐提炼出“生命成长共同体”的育人实践模式。

2014年至今，这一模式在垂杨柳中心小学金都分校、劲松三小、昆明禄劝民族小学，以及全国几百位班主任中推广实践，不断完善，并取得良好的推广效果：增强了每一个孩子都是校园里最重要的生命体教育，让大家认识到每个孩子都正在经历生命成长的“黄金”期。孩子的成长有规律，个体有差异。儒家“因材施教”和“有教无类”“和而不同”的教育思想，都表现出对个体生命的尊重和对生命差异性的承认。郑丹娜在20多年的教育实践中提出的重要教育理念，就是把尊重每一个“生命”作为教育的出发点。

何为“全接纳”？其理论基础就是“有教无类”的教育思想，及“因材施教”的接纳教育理论。“全接纳”的核心在于“全”，它包括两层含义。

一是接纳所有孩子。公平教育的标准不仅在于国家的政令要求和教育资源的均衡配置，更要求每位教师对待孩子的态度应一视同仁，要平等接纳他们中的每一个，不因为任何外部条件而区别对待。

二是接纳孩子的所有。弗洛伊德的“冰山理论”指出，每个人的心理和行为上都有一座冰山，我们所能看到的行为只是露出水平面很小的部分，它背后潜藏的感受、期待、渴望等才是冰山的根基。我们接纳的是孩子的感受，不是孩子的行为，但当孩子的感受被接纳了的时候，他会自己调整行为中的不当之处，努力做得更好。接纳孩子所有的感受，其实质是用理解走进孩子心灵，引导学生成长，并非接纳了就任其发展。

何为“慢引导”？该理念的提出基于“不愤不启，不悱不发”的教育原则，借鉴了被称为“台湾卡耐基之父”的黑幼龙先生的“慢养”理念。

教育中的很多问题源自急功近利，《揠苗助长》就是典型的案例。教育就像农业的春种秋收，有一个成长的过程。“慢引导”就是要选择更多的方法和策略，影响和引导孩子的成长，不急于看到回馈和改变。因此，“慢引导”的核心是强调“慢”，其核心含义就是“尊重生命”。

总之，“全接纳—慢引导”是在生命视角下，接纳所有，尊重每个孩子。要相信孩子今天的不足，不是他永远的不足；今天还不太好，不代表他永远不好；每个学生都是好孩子，每个孩子都有希望。

党的十九大报告中提出的“人类命运共同体”是一个社会学概念，而学校教育是社会的重要组成部分，也应服从社会的前进方向。

班级是学校里最基本的单位，是学生和教师生活、成长的地方，也是直接联系一个个家庭的纽带。学生是班级里最核心的生命，教师的生命需要通过对学生的培养来折射，还有学生背后的家庭，表面与校园无关，却与孩子的成长、教师生命价值的体现有重要关联，因此这三者之间就是以学生的成长为核心，教师、家长的成长为纽带的生命成长共同体。首先，理念一致，“全接纳—慢引导”既是教师、家长的育人理念，又是同学间交往的理念；其次，目标相同，营造一个温暖的教室，让孩子在群体之中明确个人和群体的关系，得到个性发展，培养社会属性；再次，关系融洽，师生、家校、生生走出紧张对立的尴尬局面，共同培育无排斥的温暖教室；最后，角色重构，班主任不是凌驾于学生之上的权威，家长也不是游离于班级之外的旁观者，二者携手构建“家校共育德育课程”，共同促进孩子进步。

心理学的引动功能表明，孩子爱老师，就爱上了老师所教的学科，进而爱上学习，爱上学校。而孩子惧怕老师，起到的震慑效果是暂时的。教师要牢记一个工作思想——让孩子爱上我，而不是怕我，这就要坚持两个工作原则——微笑从教、不忘童年。

走进心灵的两种方式——“晴雨表”与“悄悄话”

低年级的小学生，年龄小，胆子小，遇到不愉快的事情不会主动交流，影响情绪健康。为此，老师们在教室墙壁挂上了“心情晴雨表”，孩子们每天可以在“晴雨表”上表达心情，高兴就画笑脸，不高兴就画哭脸。老师观看“晴雨表”发现孩子的不良情绪后，及时进行倾听与引导。

教师对学生的倾听应注意四个要点：“要全神贯注地听；要积极回

应孩子们的感受，以免打击孩子们的热情；要接纳他们的感受；要用幻想的方式实现孩子的愿望。

“悄悄话”是郑丹娜从1998年开始采取的一种和学生笔谈交流的方式，如今，“悄悄话”已经变成学校教师和学生交流情感的渠道。

不同年级段孩子们的“悄悄话”有不同的表现形式：

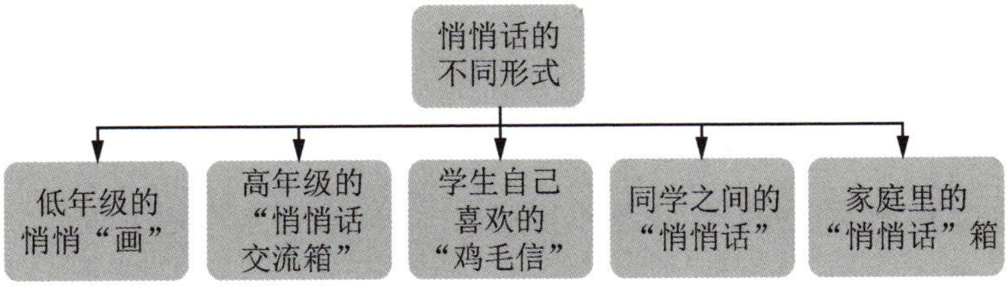

低年级的悄悄“画”：小孩子用拼音夹着文字和老师写悄悄话，更多的孩子把要说的话配上一幅“画”，孩子们管它叫悄悄“画”。

高年级的“悄悄话交流箱”：高年级的孩子有秘密了，开始用带锁的本，带密码的本。班里建立了“悄悄话交流箱”，孩子们把秘密的话写成小纸条投到交流箱里，老师每天直接回复小纸条，并送到孩子手上，师生约好单线联系，孩子们放心了。

学生自己喜欢的“鸡毛信”：孩子们叠个小信封把悄悄话装在里面，为了表示很重要，很紧急，把鸡毛键上掉下来的鸡毛贴在上面，还在封面写上“三根鸡毛，十万火急。速回！”

同学之间的“悄悄话”：孩子们养成了笔谈交流的习惯，同学之间的小误解、小烦恼，传个小纸条互相沟通，彼此谅解。

家庭里的悄悄话箱：在教师的引导下，很多同学家里建立了悄悄话箱，爸爸一个、妈妈一个、孩子一个，写上各自的名字，对谁有建议就投到专属的箱子里。悄悄话成为亲子沟通的桥梁。

需要指出的是，回复悄悄话的教师应具有四种生命特质：如水一样缓慢执着、平等润泽；如春雨一样润泽万物、潜移默化、自然而然、无形无声；如阳光一样温暖而公正；如园丁一样富于情感，能在孩子幼小的心田播种真善美，在孩子成长过程中呵护修正。

总之，师生是“生命成长共同体”的主体，小学生天然具有向师性。教师作为成熟的生命体，首先要做好自我的先期成长，才能促进学生的生命成长。

“全接纳—慢引导”理念教学成效

“全接纳—慢引导”家校共同体构建既是教师与家长的沟通理念，也逐渐被家长接受为与学校携手的育儿理念：教师树立一个目标——让家长信赖我，而不再审视我。教师在与家长的交往中，坚持两个原则，一是公正如圆心，与家长等距交往；二是具有松树的风格，“要求于人的甚少，给予人的甚多”。作为老师，要“先想我能为家长做些什么，再想我能联合家长为孩子的成长做些什么”。

从家长问卷反馈中，课题组得知：家长对学生在主动问好、自觉排队、主动倾诉方面表现出的交往能力的提升很满意，认可度为100%；对学生在自主学习的兴趣与准备、独立作业及参与活动等多个侧面表现出的自主性满意度也基本达到100%。更多的家长反映，学生的阅读量增加，对未知事物的探索兴趣更强。从具有乐观心态、热爱生活、积极锻炼、欣赏美等方面的评价中，也能感受到家长对孩子的满意度提升。同期学生问卷反馈基本与家长问卷吻合，进一步反映出学生自我评价的客观性，也验证了学生健康身心、友好交往、自主学习习惯的长期保持。

从学校社团反馈结果看，学生社团活动的参与度达到100%。每天早上和下午放学后，各种体育社团活跃。据区相关部门数据统计，2013年学校参加朝阳区体质监测平均67.2分，位于朝阳区百所学校的第50名；2017年学校体质监测平均分87分，上升到朝阳区第19名。同时，学生的学习成绩有了很大进步，以上学期六年级区级抽测为例，学校及格率100%，优秀率83.5%，中学对学校生源满意度较高。学生们自信阳光，愿意展示和交流，仅以2017年为例，垂杨柳中心小学在各级平台展示、交流、获奖的学生累计达3 000余人。

“全接纳—慢引导”理念自创建以来，在北京市乃至全国形成了较大影响。专著《全接纳，慢引导——心灵的教育》已被纳入“北京教育丛书”，受到好评；课题主持人郑丹娜被评为“北京市特级教师”、北京市正高级教师；核心成员钟亚利校长，广泛推广课题研究成果，编写《给一年级家长建议》等多部丛书，被评为“北京市特级教师”；核心组成员宋为老师，荣获北京市“紫禁杯”班主任特等奖，所出专著《疏通教育的任督二脉》受到很多年轻教师欢迎。

垂杨柳中心小学形成了一支优秀的班主任梯队。1位老师荣获“全国优秀班主任”称号，14位老师荣获北京市“紫禁杯”班主任奖项，1位老师获得“北京市学生最喜爱的班主任”称号，81位班主任获得“朝阳区阳光班主任”称号，占学校班主任总数的63.3%。一批青年教师以“悄悄话”“漂流日记”等形式，关注学生的心灵成长，得到家长的信赖和孩子们的喜爱。“全接纳—慢引导”逐渐成为该校教师的共同追求。

柳树，是北方最为耐活的树种，耐寒、耐涝、耐碱，无论生长在河边湖畔，还是田野，都是最早发芽，最后落叶，以顽强的生命力，成为神州大地最为旖旎的风景。郑丹娜被教育部聘为国培专家，为来自全国的万余名教师、家长做培训辅导。垂杨柳中心小学，也因有郑丹娜这样一批又一批“垂杨柳”，不仅名扬北京市，还在新疆、贵阳、昆明、河北曹妃甸等地区建立了一批手拉手的姊妹校，运用“全接纳—慢引导”的理念教书育人，并取得了良好效果。他们正像满目葱绿的垂杨柳，扎根华夏。

郑丹娜运用“全接纳—慢引导”理念，构建生命成长共同体的育人实践模式，为解决教育中生命教育缺失的现象，化解学生、教师、家长的生命困惑打开了渠道。教育是全社会共同体的事业，形成以孩子生命成长为核心，教师、家长生命成长为纽带，理念一致、目标相同的生命成长共同体，为整个社会的生命和谐做出贡献，是教育永远的追求。

四、一棵树与一片树

在垂杨柳中心小学，郑丹娜的教学理念感染着一批又一批教师，他们向郑丹娜学习，不断创新教育方法，呵护着每一个在此求学的孩子。

一位二年级的班主任李健美老师向笔者讲述了一个真实而感人的故事。

她说："今年学生们7岁了。闲暇时我帮他们算了一下，到2035年，他们刚好22岁，大学毕业，即将成为祖国真正的建设者。因此，作为他们的老师，精心呵护每一个孩子的今天，就是守望祖国的明天；不忽视每个孩子的今天，就是为祖国的明天积蓄能量。"

说到这儿，她给笔者介绍了班里的一个小名叫可拉的小女孩。刚入学时，作为班主任的她发现，可拉对新环境充满了好奇，但又处处警惕。她没有像别的孩子一样去和新同学交流，而是把下巴贴在桌面上，瞪大眼睛，四处张望。李老师感觉到了可拉的不同。但令她没有想到的是，随着时间的推移，她发现可拉的问题不仅仅是这些。

可拉从不在学校和别人说话。别人和她说话时，她会立刻绷紧全身的肌肉，浑身僵直地贴紧墙角，甚至直接拿衣服或窗帘把自己的头蒙起来。课上，老师用电脑播放视频资料时，她会紧张得在教室里转圈和大叫。她的智力没有问题，但是碰到不会的题目便会突然暴躁和哭闹。有时候拿橡皮擦掉所有写好的题目，有时候直接把卷子撕掉，扔在地上。因为她的存在，班里大多数孩子都受到了不同程度的影响。因为她会在兴奋的时候打人，或者扔掉同学桌子上的东西。她还有用手指弹牙的坏习惯，在紧张或者激动时，都会把手放在嘴边不停地弹。作为班主任，李老师意识到，她遇到了一个非常特殊的孩子。

起初，李老师尝试着让可拉对自己敞开心扉，也想了很多办法，如跟她聊天，送她小礼物，想尽办法让她回应老师的关怀，哪怕尝试着说出"你好"或者"谢谢"等简单的词语。但这些做法都失败了，可拉唯一的回应就是绷直身体，贴着墙壁，悄悄地向远处挪走。

一次次的失败让李老师感到沮丧，就在一筹莫展的时候，她想起了郑丹娜的一句话："遇到问题不害怕，不紧张，把学生成长的问题当成教师研究的课题。"这句话提醒她不能放弃。于是，李老师耐心观察，寻找和可拉交流的突破口，终于找到了一个契机。

那是在一次午饭后，同学们正在打扫卫生，教室的地刚刚擦到一半时，可拉突然僵直着身体，慢慢地“蹭”到李老师的桌子边，把一张小纸条扔在桌子上，又快速地跑了回去。李老师打开纸条一看，上面写着“我想去 cèsuǒ”。这件事让李老师喜出望外，因为她终于找到和可拉交流的方式了。而这方式恰好和郑丹娜的“悄悄话”如出一辙，效果相似。

从那以后，每当李老师有时间，或者当可拉情绪失控的时候，李老师都会用纸条和她交流。李老师欣喜地发现，可拉也很乐于用这种方式和老师交流，因为她给老师传纸条的内容越来越丰富了。有时候还会出几道数学题让老师做。每当这时，李老师为满足可拉的好胜心，都会假装做错几道，让可拉来修改，可拉也会认真地给老师“批改”，然后自豪地把纸条再悄悄传回到李老师的桌上。

一次课间，李老师正在和孩子们聊着天，可拉又在她的桌上放了一张纸，这张纸比往常传的小纸条大了一点。打开一看，是一幅画。画面中，手拉手的两个人正在草地上跳着舞。李老师明白可拉的意图，拿出笔在画的背面写道：“这两个人是谁?”不一会儿，画纸又传了回来，两个人的头顶上分别画了一个小圆圈，并歪歪扭扭地写着“李老师”“可拉”。就这样，一张张小纸条一直在师生两个人之间传递着。虽然可拉还是没有开口说话，但是李老师能感受到，在小纸条的世界中，可拉已经向她敞开了心扉。

可是，好景不长，进入二年级后，李老师发现，可拉的情绪一时间变得更加暴躁了。在她写给老师的小纸条中，文字越来越少，语句后面时常莫名其妙地带着三个感叹号或问号。画纸上李老师的肖像漫画也不再像以前一样面带微笑了，而是变成了有三张嘴、四只脚、六只眼睛、没头发的怪物。更严重的是，可拉跟同学们的相处变得愈发紧张了，经常凑到小伙伴身边去打人，甚至在课上把周围同学的学具全部扔到地上。出于对她的包容和照顾，李老师告诉孩子们，不要与可拉发生冲突，孩子们有苦难言，只能自己默默地捡起学具。

就在可拉又一次扔了同学的铅笔盒后，李老师只能暂时把她的桌椅挪到了讲桌旁。坐下来之后，可拉还是不能安静，不断尝试着从座位上站起来去打人。就这样一直持续到放学，李老师把她这一天在学校的表现告诉了家长，请家长回家和她聊聊，找找原因。

第二天一早，刚一进教室，可拉就扔了张小纸条在李老师的桌上。打开一看，上面用同样歪歪扭扭的字体写着："我只是想和他们玩。"原来，在可拉的心中，她是想和同学们亲近的，只是她不便开口说话，于是选择了这样极端的方式。

看着这张纸条，李老师突然想到，为什么不教她用小纸条的方式去和孩子们交流呢？于是，李老师亲手设计了班级"爱的童话园"。在这里，每个人都拥有一个贴着自己名字的小网兜。同学们可以把想对老师或者小伙伴说的悄悄话放在他的小网兜里。每天设置固定的投信、取信、回信时间。这样，小纸条就在全班范围内流通起来了。最重要的是，这个办法打开了可拉和全班同学交流的秘密通道。

没几天，"爱的童话园"就在班里运行起来了。起初，可拉只是远远地看着，李老师能看得出她跃跃欲试的冲动。但最后，她还是勇气不足，一张纸条都没写。第一次取信时间到了，不出所料，可拉的小网兜里，收到的悄悄话是最多的。李老师再次感动于班里孩子们的包容与懂事。看着可拉有些拘谨又不知所措地拿着那些小纸条，心情忐忑地坐回座位的样子，李老师知道，她一定会在第一时间，给每张小纸条的主人回信的。班集体、小伙伴……温暖的班集体，优秀的学习氛围，一定会让可拉感受到集体的力量。

直到现在，"爱的童话园"还在李老师她们班继续运行着。

有个孩子在给可拉的纸条中写道："可拉，今天是你的生日，祝你生日快乐，我想告诉你，虽然你有时候会做一些错事，但我知道你不是故意的，我希望大家能理解你，我想和你成为好朋友。"还有个孩子对李老师说，一次他把水彩笔借给可拉，竟然听到她轻轻地说了一声"谢谢"，这让他激动不已。现在的可拉，就像一只被厚厚的茧束缚住的"毛毛虫"，不过李老师相信，通过师生的共同努力，终有一天，她会破茧而出，蜕变成为一只美丽的蝴蝶，在校园里飞舞。

一个孩子一时间的表现，无论进步与落后，都只是暂时的，今天的特别，可能成为将来在某一方面的特长。每个孩子都是一只等待破茧的蝴蝶，作为教师，要大爱每一个学生，尊重每一个学生的个性表现。

孩子是祖国明天的筑梦人。作为一名青年教师，郑丹娜将一如既往地团结其他教师，用热情与真诚去呵护每个孩子健康成长。让他们的生命如阳光般灿烂，为祖国的明天筑梦起航。一木为树，二木为林，三木为森，祖国需要这样的教师！

五、爱心一片与一片爱心

在日常教学中，郑丹娜也经常会遇到一些头疼的问题。

“郑老师，今天上操的时候，背后的××总往我身上吐唾沫，尽管我很难受，但是我想我不能动，不然会给班级抹黑。后来我往前挪了挪，可是他还是吐……——烦恼的JJ。”

这是班里学生写给班主任郑丹娜的悄悄话，她看过之后回复道：“JJ，看了你的话，郑老师很心疼，你受着委屈，却一直想着班集体的荣誉，还怕欺负你的小男孩受老师批评，你是个多么善良的小姑娘啊，我得想办法让那个小男孩体谅你宽容的心……——爱你的郑老师。”

一天繁重紧张的工作结束，郑丹娜像往常一样，在台灯下回复学生们写给她的“悄悄话”。

“我小时候不喜欢给我告黑状的老师，如今就不会轻易去给孩子告状；我小时候不喜欢挖苦学生的老师，如今就绝不去说伤害孩子心灵的话；我小时候渴望老师公正地爱每一个人，如今每一天都会反思自己有没有忽略哪一颗渴求的心灵……”走上班主任工作岗位20多年来，郑丹娜始终怀着一颗童心，创造了“用‘心情晴雨表’关注孩子的心情，用‘悄悄话’走进孩子的心灵”的工作方法，来平复孩子们的各种情感波澜。

每当看到欢蹦乱跳的孩子们，郑丹娜就会想到自己的童年，内心就会莫名其妙地变软，“教师应该是一个不忘童年的人，做个有童心的教师。”她认为，童心未泯，是一名小学教师的基本素质。作为语文老师，郑丹娜一直想用一种方式，把语文课的教学内容“迁移”到班主任工作中，使之达到“双赢”。

“只有静下心来，倾听孩子的心声，才能使我们的教育做得更加精细。”作为女性，作为老师，作为妈妈，她深知“孩子们只有在轻松的氛围里，才敢把内心的想法说得尽情”。郑丹娜回忆起她小时候语文老师让她写日记的情形。“日记每天都重复着流水账：早上几点起床，几点上学，上午学了哪些课，下午又上了什么课，几点放学等。”郑丹娜不想复制传统教育带给她的记忆，不想让孩子们品味枯燥教学的苦果，她希望能给孩子们多一点爱的阳光，让他们能像小鸟般自由飞翔。于是，她把日记本改成了“悄悄话”交流本，对本的大小、形状、色彩一概不加限制，封面也由学生自己设计。她希望这个保留“隐私秘密”的交流本，可以真正成为孩子们情感释放的空间。

为了配合语文教学，提高写作能力，郑丹娜对教师的“悄悄话”提出几个关键要求：一是要写在学生的品德迷失处，当学生犯了错误，找不着改正办法的时候，让“悄悄话”及时指导学生，坚定孩子改正错误的决心。二是要写在学生的心灵阴郁处，当学生心灵深处有阴郁无法解开时，要把学生当成自己的孩子，帮助他们，理解他们。三是要写在学生的质疑问难处，学生质疑老师的错误时，老师要勇于面对，接受孩子的批评，向孩子真诚地道歉并表示感谢。四是要写在学生进步时，学生有了进步，取得了一些成绩，老师要给予表扬和鼓励，满足孩子的童心。“和学生交流时，老师应弯下腰，或者蹲下来，放低姿态，和他们进行内心平等的交流。”她明白，谷子只有颗粒饱满，才能赢得农民的青睐，教师只有态度谦卑，虚怀若谷，才能赢得学生的爱戴。

教师只有创造宽松的语境，才能丰富孩子们的精神世界，在这“一隅”，在这一独特的心灵交流的形式中，孩子们都喜欢上了这个表露心声的“悄悄话”，每天都会把心中的小秘密、小喜悦、小烦恼，甚至对家长的不满等写在交流本上，各自坦露幼稚心灵。

郑丹娜的宽容之处，还表现在对学生的个体理念、心情、情绪的尊重上。如若有一天，某个学生不想表达什么“悄悄话”，也可以真实地写上：“我今天没有什么可写的。”郑丹娜则会在回复中把自己的牵挂、理解和建议，耐心地写给孩子们，短则几个字，一张小笑脸，长则几百字，一幅连环画。“师生之间心灵的对话，解决了孩子们心中的困惑，也让孩子们更信任我”，郑丹娜如是说。

了解小学教育的人都知道，小学教师必须是个多面手，在教授知识的同时，更要关注学生的身心健康。郑丹娜在教低年级时，为了第一时间了解学生的心理状况，以便发现问题及时疏导，在班里挂起了“心情晴雨表”。每天早晨，她会拿着“心情晴雨表”，第一个站到门口，亲切地问候每一个孩子：“今天你心情好吗？”根据孩子的回答，在笑脸或哭脸上打“√”。当孩子们逐渐熟悉了心情表的填写方法后，每周选出一位值日班长，代替老师的工作。“值日班长的介入，使老师对学生的关心，变成了孩子们之间的互相关心，不仅增进同学之间的友好关系，也增强了班集体的凝聚力。”郑丹娜说。

为了和家长做进一步的沟通，郑丹娜主动给每一位学生家长打电话，一个月保证跟每位家长和孩子沟通一次。如今，郑丹娜还建立了班级博客、家长飞信群、微信群，用更多的方式和家长更顺畅地交流，“主动沟通，使家长更了解孩子，了解学校，让家长对老师的审视变为信赖”。

在郑丹娜眼中，教师要像孩子一样去体谅孩子、关注孩子、帮助孩子。“教师要做孩子心灵的点灯人。生活在爱的世界里，孩子们的心里才会充满阳光”。

善于发现，善于培养，不仅是优秀教师，更是优秀班主任的必备素质。只有这些还远远不够，还要善于发现“冰山一角”的背后。一位教师曾经说过：“一走进教室的大门，每个孩子都有一个独一无二、引人入胜，但却没有完成的故事。真正优秀的教师不仅能够读懂孩子的故事，而且还能够抓住不平常的机会帮助他们创作故事。”

“孩子的行为只是他们内心需要的冰山一角，老师要善于发现孩子行为背后的渴望、期望和感受。”在郑丹娜看来，教师只有“变成小孩子，知其心；理解宽容，顺其性”，才能想方设法，创造条件接纳每一个孩子。“对于那些活泼外向的孩子，老师要对他的行为稍微压一压，让他知道心中有秩序；对于那些内敛含蓄的孩子，老师要寻找机会对他抬一抬，放大他身上的闪光点，让他学会表达”。多年来，郑丹娜在工作中总结出“全接纳—慢引导”的教育理念并不断实践，将教师的爱心贴近每个孩子的心灵，献出了爱心一片，也赢得了一片爱心！

“我小时候就是一个淘气的孩子，曾气得父母掉眼泪，但我长大后很孝顺。”结合自己的成长经历，郑丹娜说，孩子今天的错误不代表永远的错误，现在表现不好，不代表他们永远不能好。“聪明漂亮、学习优秀的孩子谁都喜欢，但是，面对拖着鼻涕、学习成绩不好的孩子时，更要给予他们爱和温暖，这是教师应该有的情怀。作为教师，要与爱同行，大爱无疆，博爱每一个受教育者，并善于发现‘野草’的价值。只注重‘鲜花’的漂亮，而蔑视‘小草’的权利，不是一个好老师。公平地对待每一个孩子，更加友善地对待‘小草’，赞美她们美化大地的作用，才是‘大自然的保姆’，一个合格的人民教师”。

同时，接纳“小草”，不意味着纵容她们疯长，要梳理，要引导，更要教化她们的行为，使之成为“大自然家族”物种的一员。具体可引申为“教师要接纳的是孩子的感受，不是孩子的行为”。在郑丹娜看来，只有当孩子的感受被接纳了的时候，他才会调整自己行为中的不当之处，改正自己的错误。这是人类不断进步，修正自我的进步阶梯。

“教育孩子的事业，宛如农业的播种与收获，要有成长的时日，需要经历一个发育、成长、开花、结果的缓慢过程，教师们要有静待花开的耐心”。提起“慢引导”，郑丹娜说，对孩子的成长要有耐心，不要心急，允许他们犯错误，要等待孩子的顿悟。要把感情的接纳，变成有价值的引导，帮助孩子改正错误。“作为一名教育者，不仅要给予学生阳光，更重要的是在‘全接纳—慢引导’的过程中，培养孩子发现阳光的眼睛和心态，让孩子在接纳的环境里树立正确的价值观，养成良好的行为习惯”。

一个孩子的健康成长，就是一个家庭的幸福；一个家庭的幸福，就是社会健康的一个细胞；千百万个细胞健康了，社会才能更加繁荣和文明！国运兴衰，系于教育；教育成败，重在教师。教师的职责，就是教书育人，把一棵棵幼苗培养成参天大树。

夕阳西下，校园里响起下课铃声，教室里传来孩子们放学时的欢愉声。郑丹娜老师站了起来，她要去送孩子们放学回家。不然，她心不安。春风里，响起孩子们稚嫩的歌声：阳光多一点，蓝天多一点……歌声在校园上空久久回荡，飘向四方。

北京公交活地图

——记北京公交集团公司387路首席乘务员　张鹊鸣

罗　英

人物简介：

张鹊鸣，男，1981年生，北京公交集团公司387路首席乘务员。他熟悉北京800多条公交线路，回答乘客的询问既耐心又准确，被称为“北京公交活地图”；他利用业余时间踏勘过上百万公里的公交线路，记录了上万站点，编著了20多万字的《鹊鸣公交速查词典》，使众多乘客受益。

一

盛夏的一天下午2点，笔者冒着如火的热浪，如约来到位于亚运村附近的北京公交集团公司387路公交总站。还未走进总站院门，目光就被公交车进进出出的繁忙景象所吸引。眼前的街道上，一辆辆公交车时进时出，络绎不绝。走进院内却发现，这里不仅仅是387路公交总站，还有好几路公交也进驻在这个不太宽敞的院子里。院内停放着几十台各路公交车，司机、票务人员、保安员在指挥调度下行色匆匆，呈现一片忙碌的景象。

笔者在扑面而来的灼热气浪与难闻的柴汽油味的夹击下，寻觅着采访对象，脚下也感受到了沥青柏油路面的灼烤。眼看已过了预约时间，经过电话联系，笔者得知，被采访者正在赶往这里的路上。笔者只好又寻寻觅觅，找到院内的一块阴凉处等待。

20分钟后，当笔者掏出手机，准备再次电话联系采访对象时，蓦然发现了大门口处的一位小伙子，只见他身穿淡蓝色半袖公交车司乘人员上衣，中等身材，国字脸，浓眉大眼，面相慈善、憨厚、朴实，身背笔记本电脑挎包，一路小跑着过来。几步开外，他就热情地问："你是罗记者吗？我是张鹊鸣。抱歉，我刚刚给受训学员讲完课，下课后就匆匆赶来了。"

原来如此！从他焦急的神色、脸上挂着的汗珠，还有上衣被汗渍浸湿的程度，就足以证明，他是一个诚实的人。笔者苦等多时的不满情绪，也因此烟消云散，赶紧上前紧紧握住那双宽厚而有力的手。

我们走进公交387路的办公楼，这是一座简易的双层建筑。沿着楼梯上到二楼，笔者发现办公楼里的几间办公室狭小而拥挤，最后我们来到电教室，在一处有空调的地方坐下，开始了我们的采访。

在接受笔者采访前，为了加深了解，张鹊鸣没有寒暄，而是给笔者放映了自己制作的一个视频。

"大家好！我叫张鹊鸣，是北京公交集团公司387路首席乘务员。今天我宣讲的题目是《我是您的活地图》。"这就是视频中这位闻名北京公交界的劳动模范的开场白，既朴实又热情。

在视频中，张鹊鸣以崭新的视角，向观众介绍了他的工作。

您知道什么是首席乘务员吗？这是我们公交系统的行话，乘务员这个工种经过劳动部门的考核认定后分为初、中、高三个等级。首席乘务员就是我们公交企业经过层层选拔培养出来的高技能人才，是公交乘务员这个岗位的"佼佼者"。

我是一个"80后"，是地地道道的老北京，北京城的各个区县，城内的大街小巷没有我不知道的。大伙都叫我“公交活地图”。您可能要问了，那这“活地图”的称号是怎么得来的呢？这还得从我2000年参加工作那会儿说起。当时的北京，公交只有几百条线路，我工作的387路就是其中的一条。我们这趟线北起亚运村慧忠路东口，南至北京西站。由于是跑火车站的线路，这趟公交线路外地乘客多，对北京不熟悉的乘客多，打听道儿的人也就非常多。有一回，我的车刚从总站出发，就碰见几位问路的乘客。

其中一位老大妈就问我：“小伙子，我要去中医院怎么倒车啊？”“呦，大妈，咱北京的中医院那可是多了去了，您说的是宽街的中医院？还是东直门中医院？还是广安门中医院啊？”

“呦，那我还真不知道，就听他们说那医院边上有个小学，叫北京小学。”我一听北京小学，心里就有了谱，于是笑着回答：“大妈，您说的应该是广安门中医院。您坐我们387路到复兴门南站下车，然后下几个台阶在辅路上坐423路到北线阁站下车就到了。”我怕大妈记不住，就边说边给她写了个字条，并说：“大妈，我把在哪儿倒车给您写清楚了，您可收好了啊，到站了我叫您。”

“谢谢你啊，小伙子，你可真棒，简直就是活地图啊！”

您瞧，我这活地图的称号就是这么来的。可这称号一被叫响，向我打听道儿的乘客也就多了。有时候，我都回答不过来了。于是，我就想着要编一本公交换乘地图，把咱北京的旅游景点、学校、医院、商业中心什么的都写进去。如果有了这个，乘客上车下车，翻翻地图不就都门儿清了么。

朋友，您可能不知道，为了这份画在心里的地图，我可是走访了上万个公交站点呢。跑的路不说能围地球转个圈，也有了几万千米。路是一步步走出来的，知识也是一点点积累的。不过，就算我了解的站名、地名不少，有一次，乘客还是把我给问住了。“师傅，去高崖口倒什么车能到啊？”

当时我一下就被问蒙了，这可怎么办啊。我还自称“活地图”呢，看来还得下功夫。回家以后我赶紧翻开公交地图，敢情这357路公交车，就是从昌平东关开往高崖口的。

为了勘察实情，取得发言权，我决定去那儿走一趟。那天正赶上公休，我一大早就来到了昌平东关总站，可还是等了一个多小时才坐上这趟公交车。这趟车线路长不说，路面还坑坑洼洼的，特别不好走，再加上当时郊区用的公交车也比较破旧，这一路上把我的脚都给颠麻了。好不容易算是熬到了高崖口，可下车一打听，回返下山的车还得两个小时后才发呢。

记得那天天气特别闷热，我是又渴又饿，简直是饿得我前胸贴后背，可是别说吃饭，那儿连个卖水的都没有。这两个小时我可怎么熬啊？得了，干脆往山里溜达溜达吧，说不定还能摘个山杏儿什么的解解渴呢。谁承想，越走越觉得这山里空气清新、景色宜人，简直就是一座天然的"大氧吧"。这时，我突发奇想：要是今后这里能开发成旅游景区那可就地道了……嘿，真没想到，没过几年这儿真成旅游区了，就是著名的白羊沟和棋盘山自然风景区的一部分。要这么说来，那趟累我还真没白受，路也没有白跑。

2003年，多年辛勤之花首结硕果。我利用自己熟悉公交线路的特长编写了一本20多万字的《鹊鸣公交速查词典》，成稿以后，我还自费印制了一部分放在车上，准备赠送给那些需要的乘客。一次，两位外地大姐向我打听从通州九棵树到门头沟斋堂怎么坐车。可是她们口音太重了，我根本没听懂，后来她们写了张字条我才弄明白。我赶忙告诉她们："您啊，先从九棵树坐805路到大北窑西，倒1路，然后到五棵松桥东换370路，到金顶南路下车，再换892路就能到斋堂了。"可谁知我说完了，她们还是没听懂，还拿手机录音，反复听了好几遍都不行。我一看根本没戏，也别费那劲了。就拿出了那本词典，边说边指给她们看。这回两位大姐终于听明白了。

"太好了，小师傅，真是太感谢你了。这本书真方便，可以送给我们吗？"我冲她们一笑："没问题啊，您二位就是最需要它的人，我这本书就是给您预备的。"

现如今，大伙儿都喜欢上网查公交线路，我也不能落后啊。我再接再厉，这不，2011 年，我就在新浪网上开通了自己的实名制个人微博，这两年我又根据大家用微信上网的特点开通了‘问路请找我’微信指路群。有了这几个平台，您用手机就能在上头向我打听北京公交的各条通车道路了。我呢，也不光在上头给您指路，还会在这些平台上发布一些实用的出行信息。像《春节庙会绿色出行指南》，还有《情人节约会好去处乘车攻略》等。这些信息的内容，深受广大网友粉丝的好评。现在光这微博的粉丝关注量就已经达到一万多人了。

还有，就是自打 2014 年北京公交票价调整以来，大伙儿就感觉现在出门坐车花钱可有点多了。为了能帮大伙儿“省点钱”，我就添了个服务项目——“算账”。从北到南、从东到西，这北京能有多大啊，路有很多种走法，就看您想不想省钱了。北京公交线路这么多，我得告诉您个能抄近路又省钱的道儿。咱就说从西单到南锣鼓巷吧，要是 65 岁以上的老人，我就建议他坐特 13 路，倒 635 路。因为这些老年乘客坐车是免费的，而且那两趟车都是台阶低的那种，老年人上下车方便。要是小年轻逛街，我就告诉他们坐 109 路，倒 124 路。虽然要换 1 次车，但路程也不远，刷卡也就 2 元钱。要是没有公交卡的乘客，我就告诉他们坐地铁，还不堵车。这些出行便捷的线路，都在我的脑子里装着，乘客向我打听的时候，我脑子里立刻就会勾画出线路走向，准保不会错。

当然，也有不少乘客会问我，现在科技都这么发达了，大家用手机用电脑就能查线路了，那你做的这些还有什么意义啊？面对这样的质疑，我会回答：既然我被大家称为“公交活地图”，与其让他们面对那些“冷冰冰”的机器，不如让大家看到我这张流动在车厢里的“活地图”，我提供的是“有温度的服务”。

出门乘车问路，看似是件小事，可在我心里，却是天大的事儿。虽然乘客跟我只有一面之交，可为了这一面之交的求助，我愿意一次次地出发，一步步地行走，用脚步去丈量这座城市日新月异的变化，在乘客的心里留下一幅美丽的北京地图。

看完这段视频，笔者的内心久久不能平静。此刻，笔者对张鹊鸣肃然起敬。是什么精神在鼓舞着眼前这位年轻人？是什么毅力支撑着张鹊鸣由一名普通公交车售票员，成长为劳动模范，从一位中专毕业生成长为著书立说的交通岗位能手？

二

“我也是追梦人，我的追梦指南激励着我的人生。”张鹊鸣打开书包，取出一本本鲜红的获奖证书，一边介绍，一边满怀激情地说，“我相信这个时代，每个人都有梦想，虽然我们每个人的梦想不一样，也不能复制，但可以延伸为一代人或几代人的追求。”

“你的人生梦想是什么？”笔者抓住时机问道，再次切入主题。

“我的梦想？”张鹊鸣被问得腼腆一笑，“好！那我就来聊聊我的追梦过程吧。”

人生其实不止一个梦想，会有许许多多的梦想，也可以说儿时有儿时的梦想，青年有青年的梦想，中年有着中年的梦想，老年有老年的梦想。我特别怀念我儿时的梦想……

记得20世纪90年代，还是懵懂少年的我，开始迷恋上了公交车，按现在的说法，我也算是一名地道的北京“公交迷”了。第一次接触公交车是妈妈带我坐103路无轨电车去王府井，售票员阿姨甜美的报站声音、周到的服务，给儿时的我留下了深刻的印象。后来，我便开始缠着爸爸，让他带我坐公交车出去玩。有时候，我们爷俩能一猛子扎到昌平十三陵。当时，一上车，我最喜欢的还是坐在售票员阿姨身旁，看着她边卖票边为乘客服务，也就是从那时起，我开始迷恋上了公交售票员这个职业。长大后，成为一名公交乘务员，也正实现了我儿时的梦想。

上职高的时候，由于学校在海淀区阜石路，从家到学校，我需要换乘两次公交才能到，其中包括当年坐过的103路。车上的售票员阿姨依然那么热情，我开始一边坐车，一边用小本子用心地记录下她们的工作流程。时间长了，我也可以熟练地说出103路沿线的所有站名。也曾模仿着售票员阿姨，向我的同学演示车上售票员的工作。虽然饱受同学们的冷嘲热讽，但这丝毫没有动摇我对公交的这份热爱。此后，在三年的职高生涯中，我一直坚持走访公交线路，从未停止过。并且我还有幸坐上了当时还在21路工作的全国劳动模范李素丽师傅的车。恰恰这一次，更坚定了我儿时的梦想。机缘巧合，幸运的我如愿地走进了北京公交这个大家庭，成为了387路公交车的一名乘务员，一直到今天。

其实，梦并不是无缘无故就产生的，做什么梦，跟一个人的世界观、价值观、人生观有着重要的关联，是由这个人的生活习惯、生存环境、文化素养决定的。我追梦开始的地方，就是在公交车上。

从那时起，我就苦练内功，不放过任何一次学习专业知识的机会。从一句简单的三报用语"乘客您好，387路开往北京西站，请您先下后上"开始反复练习。通过执着、勤奋的学习，我最终受到了李素丽师傅的青睐，如愿以偿地成为了她门下的一名弟子。

李素丽师傅说过，"乘务员的工作看似简单，实际上却博大精深。用力去做只能达到合格，只有用心去做，才能达到优秀"。在师傅的教导下，我通过自己的努力，练就了"百问不倒"的过人本领，并打造了"问路请找我"的特色服务品牌，成为387路沿线乘客交口称赞的"公交活地图"。说到这可能有人会问了：为乘客服务有好多种方法呢，你干吗偏要选择为他们指路啊？其实，原因非常简单，就是在参加工作前，我经常看到乘客向司乘人员问路的时候碰了一鼻子灰，尤其是外地乘客。赶上态度好的跟您说"实在抱歉，我不太清楚，我帮您问问"，要是运气不好赶上态度生硬的，直接就告诉您"我不知道，问别人去吧"。

所以，我挺同情那些问路的异乡乘客。从那时候起，我就暗下决心，一定要尽自己所能去帮助天南海北问路的乘客，为他们的出行指一条最佳的路线。我想，那些外地乘客无论是来北京旅游、探亲，还是求医，都非常不容易，他们中的好多人，有可能这一生只能来一次，所以我们就应该把最好的服务提供给他们。身处异乡，哪怕只是一句问候、一个微笑，都希望他们通过我的服务能感受到北京的温暖，希望所有来过北京的人都了解这里、爱上这里！

其实，对于每个人来说，圆梦，说起来容易，做起来十分艰难，也很辛苦。有的人一辈子追求，可能一事无成；有的人追寻多年，可能半途而废，无果而终。追梦路上，贵在坚持。此外，还要记住重要的一点，不要好高骛远，要脚踏实地，立足自身，量力而行，才能成功。我能成功追梦就是因为坚守了这个原则，而我的追梦之路就是在北京公交线上，从为乘客服务起步的。

俗话说"一花独秀不是春，百花齐放春满园"。2003年年初，我开始尝试着把自己掌握的北京公交线路的资料进行整理汇总，并且总结出那些乘客最容易搞混读错的站名，把这些信息编成一本公交出行方面的工具书，方便乘客和我们自己的员工进行查阅。要知道我为了编制这本书，那可是走访了上万个公交站点呢，多年的走访中我共走坏了40多双鞋，即便如此，我也从来没有放弃过。因为只有实地走访，才能掌握最准确的信息。

信息整理完后，我就把它们用A4纸打印出来，塑封好挂在我的车上。有一回车队党支部书记坐我车暗访，就发现了我车上的这个实用的手册。他边看边点头，嘴里还说着"不错，不错"，回到车队后就把我叫到了他的办公室，跟我畅谈了一番，并对我做的这个手册进行了指点。在车队领导的大力支持和自己的不懈努力下，那年年底，我终于完成了这本指路工具书。这本以我的名字命名的《鹊鸣公交速查词典》，成为服务咱们公交人的贴心书。

这本书在2004年荣获了北京市经济技术创新工程优秀成果奖。我也因此在同年荣获首都劳动奖章和"全国职工创新能手"称号。2005年，我光荣地当选为北京市劳动模范，那一年，我才24岁。当时，我就想，其实梦想并不遥远，只要肯付出，我们每个人都能触手可及。

时光荏苒，岁月如梭。北京公交的发展像车轮一样不断前行。期间，我和小伙伴们一起经历并参与了2008年北京奥运会、2009年中华人民共和国成立60周年庆祝大会，以及2015年的“9.3大阅兵”等重大活动保障任务，不断延伸着自己的追梦之路。几年间，我们不经意地发现，乘务员的工作已经随着“市政交通一卡通”的实施，一点点地发生了变化。我们手中的票袋子、票板逐渐消失，就连平时售卖的车票，也随着无人售票的大力实施，逐渐成为了历史，变成了昔日的记忆。

坚持梦想的路上，我听到最多的一句话就是“没有最好，只有更好”。对于我们公交这样的服务行业，这句话再适用不过了。人生之路，漫长而没有尽头，我的圆梦之旅也将不断前进，启程追梦，到达终点后再启程，再圆梦，再追梦。

正如《公交之歌》里唱的那样，“洒汗水滋润每条线路，凝智慧发展现代化交通”，用我们的汗水和智慧“让更多的乘客享受更好的公共出行服务”，这是北京公交人的使命。听了我的追梦故事，也许您会有所感触。梦想虽然不能复制，但可以延伸。

面对张鹊鸣摆放在桌子上的一张张获奖证书、一座座奖杯，笔者的心潮为之激动，那是汗水浇灌鲜花结出的硕果，张鹊鸣追梦路上获得的荣誉，既是人民给予的荣誉，也是他辛勤付出劳动的证明。

2015年3月初，在学雷锋纪念日即将到来之际，由北京市委宣传部、首都文明办、市委社会工委、首都综治办、市民政局、团市委和市志愿服务联合会主办的“传承的力量——2015年北京学雷锋志愿服务推动日”活动在北京国际会议中心举行。北京市委相关领导出席活动。本次活动以“传承的力量”为主题，分为志愿服务交流展示、岗位需求对接、综合发布和主题交流4个板块，吸引了来自500余个志愿者组织的近2 000名志愿者参与。

在志愿服务综合发布区，市领导为首都学雷锋志愿服务金牌项目代表颁发荣誉证书、赠送《北京志愿服务指南2015》，并为新成立的“北京榜样”志愿服务团授旗。北京团市委、市残联联合发起的“2015年志愿北京之阳光助残志愿服务项目”宣布启动。市志愿服务联合会也于当日正式向社会发布“志愿云”APP，今后北京市民可以通过智能手机，就近

张鹤鸣在学雷锋志愿服务推动日活动现场

报名参加志愿服务，同时可以完成志愿服务时间记录。

在志愿服务主题交流区，市志愿服务联合会和北京志愿服务发展研究会共同举办了“志愿服务制度化的实践与探索”主题研讨会。研讨会分为“志愿服务文化驱动力”“从实践到制度：发展中的志愿者保险”“志愿服务标准化”3 个专题，来自京内外的 30 余名志愿服务领域专家学者、10 余个志愿服务主管部门、30 余家志愿服务组织及 40 余名优秀志愿者代表参加研讨。

一滴滴水，汇成涓涓细流，最后只有汇入江河，才能浩浩汤汤，成为不可阻挡的潮流。张鹊鸣，这位普普通通的劳动者，公交战线的创新者，就是千万支溪流的一滴水、一脉小溪，把自己的追求和梦想，汇入中华民族的整体梦想之中，用自己的行动大力弘扬主义翁意识和乐于奉献的精神，为实现中华民族伟大复兴的中国梦提供强大的精神力量。

三

在岁月的长河中，张鹊鸣没有忘记自己儿时的梦想，并在追求梦想的实践中不辞辛苦，无私奉献。热爱生活，热爱事业，热爱人生，这就是张鹊鸣事业成功的基础。当笔者问起他的业余爱好时，张鹊鸣沉思片刻，说："我还注重北京风俗文化的研究，并希望把老北京文化的研究和自己的本职工作结合起来，使自己以后的人生更加丰富多彩！"

下面请容许笔者撷英一段张鹊鸣研讨北京胡同文化的文章片段，以此证明他对老北京文化的爱好和研究。

胡同，自始至终都是北京人的家！今天，胡同是北京的文化符号，它就像血管一样曾连通着北京的血脉。对于外地友人来说，它是北京的代名词；但是对于北京人来说，它就是家，北京人的家！北京的胡同起源于元朝，方方正正的城内有着许多正东西南北的街道。连接着这一条条大街的，就是承载着北京人生活的胡同。它就像人身上的血管，奔突着北京的活力。

古人常用"有名的胡同三千六，无名胡同似牛毛"来形容老北京胡同的数量，这一点也不为过。在过去，由于科技不发达，要想数清北京有多少条胡同很难。那么，这些胡同有没有重名的？专家没有结论，作者也不敢妄言。但北京各条胡同的得名却有所不同，这是不容置疑的。这些胡同有的得名于附近生活环境、特产，有的得名于曾在此居住的名人、有的得名于附近聚集的商摊……

不可否认的是，各条胡同代表着北京人的生活状态。院子里的砖墙、院口的大门、屋顶的瓦……就连地上的石子，都能说出个所以然来。但胡同里的人际关系，更让人怀念。各个院子里的各家老小，都会在胡同里相遇，也可以说是命运和机缘，安排大家住在一起，形成老北京胡同文化和独特的礼节。

胡同，更像是一个大院子！随着北京的变高变大，以及国际化大都市的建设，一些胡同里的人，街坊邻居都陌生了，慢慢地大家都搬进了楼房。说是生活环境变好了，但由于脱离过去的生存环境和语境习俗，住平房的热乎劲也没了……

随着北京的建设，不少胡同逐渐地消失了。但是它们千奇百怪的名字，仍在北京的版图上吸引着研究者的眼球。隐身的胡同文化仍连通着北京的血脉。

张鹊鸣研究发现，在北京地铁和公交站名的命名上，有不少站名仍是以胡同来命名的。但一下车才发现，车站附近都是高楼大厦，跟胡同一点关系都没有！为了证明自己的观点，他还进行了佐证。

咱就先说说这个“东四十条站”。过去，东四十条不过是东四地区的一条胡同，是这里曾经的十四条胡同里的一条胡同。现在的东四胡同已经没了胡同的样子，大都变成了半截胡同，完全没了当年东四牌楼那人来人往的盛况。

1954 年，北京进行改建，东四牌楼被拆除，但是地名保留了下来。这片区域的胡同从北开始排，东四十条也就是东四的第十条胡同，当然也得读成“东四/十条”。东单(牌楼)、西单(牌楼)、东四(牌楼)、西四(牌楼)等地都是用牌楼来命名的。像辟才胡同、灵境胡同等，虽然现在变成了一条条宽阔的大街，但每次看到这些名字时，过去的胡同回忆又会浮现在眼前。

历史上灵境胡同曾分为两段，东段是林清胡同，西段是西米胡同，灵境胡同是指东西两段。现在的灵境胡同一改“最宽胡同”的历史，不如改名为“灵境大街”。有人说北京的地名“名不符实”。其实不然，有些地名的变迁，蕴含着深邃的老北京文化。但是，随着城市的发展，这些地儿的名字跟实际就发生了变化。北京密如织网的胡同在时代发展的同时，更多地被时代所抛弃。尽管现在有一些站名勉强跟上了时代，实际上也成了外地游客的打卡地。就说最火的“胡同居住区”南锣鼓巷吧，老北京的南锣鼓巷安静、惬意，一到晚上只剩三三两两的行人，寂静的胡同到晚上还能歇息一会儿。可如今一提起南锣鼓巷，好多北京人避之不及。现在的南锣鼓巷成了一条商业街，没有了曾经的样子，连带着附近的居民也都受了罪了。自家院子都成了景点，路过的人都想进来瞧瞧，就算您锁上门，那也还有一些好奇的外地游客扒墙头往里瞅的呢，像是里面深藏着什么宝贝和秘密。

还有随处可见的“拆”字，几十年的整改行动似乎一直没有停止，一个个胡同变成了如今的高楼大厦。那些曾住在胡同里的老北京人也不知道都搬到哪儿去了……

对于胡同的整改行动，相信在老北京居住多年的人都有一肚子的话要说。现在的北京，越来越陌生了。网上有段子调侃，说只要是院墙上出现一个“拆”字，那就是要发大财了，可您知道吗？这拆的是我们不知道生活了多少年的家啊！不瞒朋友们说，许许多多的老北京人，当发现自家院墙上多了一个“拆”字时，眼泪会忍不住地流下来，他们的心里可委屈了。

“拆”是个汉字，左右联合词组，拆掉的是院子时代的变迁，落泪的是胡同文化的消亡！如今，北京人慢慢了离开了最熟悉的胡同，开始了新的生活。多朝古都成了现在的样子，在北京的各个角落已经很难找到它过去的身影了，这儿！已经变了！

看到这里，笔者的眼睛湿润了，尽管在空调房里，还是感到了燥热。从字里行间不难看出，张鹊鸣不仅是北京的活地图，还是研究北京文化的热心者，更是一位有责任感的学者！

不鸣则已，一鸣惊人！张鹊鸣就是这样的人！

采访结束，看着桌子上那堆积如山的获奖证书，笔者一时竟不知道该写什么，梦从哪里开始，到哪里结束。只得横空一刀，写下上面最精彩的片段，以飨关心张鹊鸣的朋友们！

深夜子时，当笔者困倦地关闭电脑准备休息时，突然，微信中又蹦出张鹊鸣创建的“问路请找我”指路 9 群中的最新信息。

2 路：双向增设“南河沿”站，双庙→宽街路口南方向增设“亮果厂”站，宽街路口南→双庙方向增设“美术馆北”站；

7 路：动物园枢纽站→五间楼方向“民族文化宫”站移至复兴门内大街，与 52 路并站；

……

看完张鹊鸣发来的信息，笔者已然困得睁不开眼，而他，依然精神抖擞地在网上为旅客解答问路的话题。

敬礼！“北京公交活地图”张鹊鸣！

纽约球星在北京

——记“北京市荣誉市民” 斯蒂芬·马布里

刘俊杰

人物简介：

斯蒂芬·马布里，男，1977 年生，前美国职业篮球联赛(NBA)运动员，中国男子篮球职业联赛(CBA)历史上第一个获得“中华人民共和国外国人永久居留身份证”的外援。CBA 2011—2012 赛季，他加盟北京首钢男篮俱乐部，为球队注入强大的正能量。此后，北京男篮 4 年内 3 夺 CBA 总冠军。他积极参与各种公益活动，去医院探望身患重症的女孩，前往安徽、云南的偏僻山区，为学校捐赠体育用品，在云南山区学校为孩子们上体育课。他在中国播撒着爱，也得到了爱。2014 年 4 月，他光荣地成为“北京市荣誉市民”。2018 年 2 月，马布里宣布退役。现任 CBA 北京紫禁勇士篮球俱乐部主教练。

一、世界寻觅千百度，蓦然回首，最美当属北京城

斯蒂芬·马布里(Stephon Marbury)，1977 年 2 月 20 日出生于美国

纽约州纽约市布鲁克林区科尼岛，父亲是位普通的工人，收入微薄，家里一共 7 个孩子，家境贫寒。3 岁时，因为家里穷，买不起玩具，他就把篮球当作玩具。后来，他发现后院有一个篮筐，就一个人玩起来。因为家境的原因，他的篮球生涯是从街球开始的。“我那时最大的心愿，就是能够吃饱饭，能让父亲夸一夸我。”马布里回忆童年时说。

童年的苦难，生活的艰难，让他与篮球结缘。随着年龄的增长，他对篮球的控制越来越随心所欲。他成为家附近和小学的“小球王”，经常代表学校参加各种篮球比赛，并逐渐在比赛中与成年人对抗。到了高中，他已在街球界小有名气。

在布鲁克林区，提起“明民苏达森林狼队”人们仍记忆犹新。1996 年，马布里以首轮第 4 顺位被密尔沃基雄鹿队选中，随即与雷·阿伦互换，被交易到森林狼队。在森林狼队仅效力 2 个赛季，他就已经展现出一名顶级后卫的能力。他与凯文·加内特的组合，被认为是有统治联盟能力的组合。在森林狼队，因为控球时间过长、出手次数过多，马布里被称为“独狼”，可他本人并不喜欢这一称号。之后，他跟加内特闹翻，进而跟整个球队闹翻，因为他不想成为加内特身后的第二人。

NBA 1998—1999 赛季，劳资纠纷风云再起，马布里也深陷其中，难以独善其身，事后他转投新泽西篮网队。在篮网队，马布里比在以往的比赛中打得更加个人主义，很难融入球队。在姚明新秀赛季，他用一个标准 crossover（变向过人）将男篮明星姚明晃倒在地，因而成了中国球迷指责的对象。

2001 年 NBA 全明星赛，马布里得到 12 分，包括 2 个三分球，成为他在菲尼克斯太阳队期间的美谈。马布里和肖恩·马里昂、阿马雷·斯塔德迈尔等球员，一起将太阳队送进了季后赛，但是球队时运欠佳，还是未能在系列赛中更进一步，更糟糕的是斯塔德迈尔随后进入了伤病名单，在 NBA 2003—2004 赛季开赛时刻，太阳队遭遇了 3 胜 15 负的糟糕开局。

屋漏偏逢连夜雨，在太阳队期间，马布里曾因为酒后驾车被捕，并被处以 10 天的监禁和交通学习，这次被捕也加快了马布里被交易出去的脚步。

2004 年 1 月 6 日，太阳队与纽约尼克斯队进行了一笔牵涉 8 人的交换，尼克斯队得到马布里。尼克斯队总经理托马斯说："我们除了得到一名很好的后卫外，还得到了一位富有经验的全明星球员，自此以后，我们的处境将会大大改善。"尼克斯队主力中锋迪肯贝·穆托姆博说道："我认为我们做了最正确的交易，马布里一直是联盟中数一数二的组织后卫，又是全明星球员，得到他，我们受益颇多。"这个赛季，马布里不负众望，带领尼克斯队打进了季后赛。

2004 年雅典奥运会中，马布里加入了美国梦之六队。在美国队击败西班牙队的四分之一决赛中，马布里独得 31 分，刷新了当时奥运会历史上的球员个人单场比赛得分纪录。但是高手林立的美国队第一次在 NBA 职业球员参加的情况下未能如愿拿到金牌，最终只拿到了铜牌。

在 NBA 2005—2006 赛季中，尼克斯队在新教练拉里·布朗的执教下，成绩一落千丈，未能进入季后赛。此后，尼克斯队一路下滑的糟糕表现以及马布里和教练的公开争吵，使得他的社会名誉急剧下降，《纽约时报》记者称他是"纽约最受人责骂的运动员"。赛季结束后，拉里·布朗被球队解职，伊塞亚·托马斯成为尼克斯队的新任主教练。之后，球队的战绩有了不小的进步，超越了上赛季的 23 胜 54 负，将胜场次数提高了 10 场。马布里在统计中打球效率有所下降，他的表现不像以前那样个人主义，也是球队取得进步的一个原因，尽管这个赛季球队依然未能打入季后赛。

年少轻狂的马布里，人生也走过不少弯路，犯过错误。2009 年，马布里从 7 月 24 日凌晨到 25 日凌晨，向全世界网友直播了自己 24 小时的生活。视频中，他一会儿跑到球台前打乒乓球，一会儿又跑到浴池去泡澡，一会儿又在音乐伴奏下自娱自乐，他还不停地冲着镜头大喊。

由于行事乖张、桀骜不驯，他的负面新闻增多，上场机会却越来越少。在2009年美国《体育画报》公布的“谁是你最不希望与之成为队友的球员”的匿名票选排名中，马布里名列“最不受欢迎队友”之首。参加投票的有190名NBA球员，其中超过22%的参与者把票投给了马布里。

在美国遭遇滑铁卢后，马布里辗转来到中国发展。中国是礼仪之邦，友好的氛围和北京人的包容，给了迷途的马布里新生。他不忘初心，焕发了斗志，在他带领下，北京队于2011—2012赛季首次夺得CBA总冠军。夺冠之后，球队受到北京市领导的接见，为了表彰马布里在夺冠过程中起到的重要作用，市领导为马布里颁发了北京市“长城友谊奖”。此奖是北京市人民政府授予在京工作的外国友人的最高荣誉。

2014年，时隔一个赛季之后，马布里率领北京队第二次夺得CBA总冠军，球迷继2012年之后再次呼吁授予马布里“北京市荣誉市民”称号。4月2日，北京队前往北京市政府参加庆祝活动时，马布里被授予“北京市荣誉市民”称号，并获得了象征荣誉市民的金钥匙。

2015年5月25日，马布里被北京市环保局聘任为第三届“北京环保公益大使”。在一年的任期里，马布里拍摄环保公益广告，参加相关环保公益活动，以自身影响力引领更多公众支持和参与首都环保工作，助力北京环保事业的发展。同年12月，马布里如愿拿到“中国绿卡”，成为CBA历史上第一个获得“中华人民共和国外国人永久居留身份证”的外援，属于“对中国有重大、突出贡献以及国家特别需要”类型。

2016年4月18日，马布里在个人微博上透露，他已经正式拿到了“中华人民共和国外国人永久居留身份证”。

2017年4月5日，马布里在微博上透露，自己的女儿在美国当地时间4月4日上午10点34分顺利诞下一名男婴，马布里升级当姥爷了。当年8月4日，运动题材电影《我是马布里》在中国上映，片中主演正是马布里本人。

泱泱中华，上下五千年，自古以来，就有“有朋自远方来，不亦乐乎”的好客传统。一个在美国落寂的球员，来到中国，一路春风，完成了由球员向电影明星的华丽转身。马布里的经历，从一个侧面印证了中华文化的兼容并包，更是新时期中国关注人类命运共同体、文化多元化、共谋全球福祉的证明。

二、马布里选择了北京

马布里落户北京的过程并非一帆风顺，各种议论一度盛传坊间。时任北京队主教练闵鹿蕾在马布里带领北京首钢队取得CBA总冠军后曾这样评论：“老马是好，但有一些东西也是相辅相成的，他前两年在山西和广东佛山都没能够取得成功，是北京帮助他完成了梦想。如果没有李学林、陈磊、吉喆、翟晓川、朱彦西他们，老马也不会是今天的老马。但老马也改变了北京队，让这支球队更有决心，包括队伍的打法和对待篮球的态度的改变，老马当居首功。他改变了北京队，而这支球队也造就了他，这个城市也造就了他的成功。”这段评价可谓诚恳、客观。诚然，任何一件事情的成功或失败，都有其内因和外因，马布里的成功也不例外。

回眸马布里的篮球生涯，2009年2月底，他被纽约尼克斯队买断，随后加入波士顿凯尔特人队。在凯尔特人队，马布里上场的时间越来越少，并最终结束了NBA生涯。

2010年1月，马布里正式加盟CBA山西汾酒队。2009—2010赛季，马布里在山西汾酒队的15场比赛，场均拿下22.9分和9.5次助攻。然而，在吉林队前总经理加盟山西后，马布里遭到弃用。2010—2011赛季，马布里加盟广东佛山队，期间场均贡献25.2分和5.7个篮板，成为广东佛山队引进得最成功的一名大牌外援。

2011—2012赛季，马布里加盟北京金偶男篮，带领北京队拿下CBA总冠军。总决赛上，马布里拼得非常凶。在闵鹿蕾眼中，是马布里盘活了球队，“北京队可以没有我，但不能没有马布里”。2013年1月23日，CBA 2012—2013赛季第26轮的较量全面展开，北京队主场迎战山西队。首节比赛，马布里得到个人CBA生涯的第3 000分。10月11日下午，北京金偶男篮在京召开发布会，宣布队中核心外援马布里与球队续约3年。

马布里钟情北京首钢，称希望自己能帮助北京队建立一个篮球的王朝。此前马布里在一些场合曾袒露心扉，称再也不会回到NBA，希望在北京首钢队结束职业生涯。2014年3月30日，他带领北京队再创佳绩，第二次夺得CBA总冠军。2014—2015赛季，北京队与辽宁队首次在总决赛中相遇。第一场的比赛里，马布里首发出场得到22分、6个篮板、9次助攻，帮助球队以103比84取胜，以1比0的大比分领先。最终，北京队战胜辽宁队，4年内第三次夺得CBA总冠军。同年，马布里成为“北京市荣誉市民”，并当选为“2014北京榜样”。

白驹过隙，随着年龄的增长，马布里告别篮球场的日期临近，2017年4月22日，北京首钢篮球俱乐部召开发布会，宣布正式放弃续约马布里。这也意味着马布里6年驰骋北京篮球场生涯的终结。2018年2月11日，马布里宣布正式退役，结束22年职业球员生涯。

然而，他的事业远没有结束。2018年7月，北京大学附属中学组建了一支初中篮球队，马布里担任球队总教练，正式开启教练生涯。

球迷们没有忘记：2012年3月30日，在北京五棵松篮球馆里，北京金偶男篮主场以124比121击败广东男篮，35岁的马布里率领球队赢得了北京队历史上的第一个总冠军。至此，马布里被北京球迷亲切地称为“马政委”，成为球队的顶梁柱，昔日的“独狼”变身为一个地道的“北京小伙儿”。他说：“命运把我带到了中国，带到了北京，这就是我应该来的地方。”

熟悉北京篮球史的球迷都知道，在马布里加盟之前，北京队总是不能驰骋国家级赛事的球场，成绩一直徘徊在中国男子篮球联赛的中上游，虽然保持着竞争力，却一直难以突破。马布里加盟北京队的第一个赛季，就带领球队成功击败了CBA联盟霸主广东宏远队。此前，广东宏远队在2012年之前的8个赛季里赢下7个总冠军，当时北京队以4比1完胜广东队，拿下总冠军，完全出人意料。瞬间，北京这座城市为北京男篮而倾倒，为马布里而着迷。

“马政委真牛”，马布里曾在微博上用汉语拼音为自己喝彩。那是在拿下总冠军的前一个月，马布里率领北京队以3比0横扫季后赛的第一个对手浙江广厦队。这场比赛中，刚过完35岁生日的他，为现场观众奉献了登陆中国以来的第一个扣篮。

两年之后的同一天，北京队在客场以98比88力克新疆队，以4比2的总比分再一次赢得了CBA总冠军。当比赛结束的哨声吹响时，回到更衣室的马布里用一块毛巾遮住了头，哭得像个孩子。

球迷们没有忘记：在第二次夺冠的过程中，马布里因为膝盖半月板撕裂缺席了大部分的常规赛。倒数第六轮比赛中，马布里拖着一条伤腿，一瘸一拐地出现在赛场上。即便如此，他仍然带领北京队从季后赛中杀出重围，最终在总决赛中夺冠。

在球迷们的眼中，昔日的“独狼”变身球队“马政委”，简直就是不可思议的奇迹。自从来到中国，马布里一扫在美国本土曾经留下的阴霾，渐渐学会做思想工作。每到赛场，本土年轻球员上场前，都会收到马布里的加油短信，其他俱乐部的大牌外援与球队发生矛盾，马布里也充当着“政委”的角色从中调停。

球迷们没有忘记：自马布里来到中国，从山西队辗转到广东队，他说自己还是更想为北京队效力。“我喜欢北京，打心眼儿里喜欢。”在等待和北京队确认合作意向的5个月里，他说：“我不是在中国，就是在想中国。”马布里曾做过一个梦，隐约看见自己穿着北京队的球衣，快乐地站在北京队的球场上。

跟北京队签约当天，马布里确认来签约的总经理已经走远，就立刻吼叫起来，把自己摔倒在床上，抱着儿子打滚儿。嘴里喊着北京！北京！北京！他搂着小儿子热泪长流，连声抒发着感慨：“我解释不清楚我有多高兴。来中国之前，我的生活早就被撕碎了……我完全不知道我的人生会转向何方。”

加盟北京队后，马布里说自己的人生向前迈出了崭新的一步，他说：“我的人生更有价值了，我可以给予更多了。因为这是中国的首都，这是世界的舞台。这是年过30之后我人生的一个重要决定，我终于成为了伟大的一部分。”

球迷们记得：马布里加盟北京队之后，被北京人热心公益的氛围所感染，逐渐参加各种公益活动，为中国的慈善事业贡献自己的一份力量。马布里在北京获得了前所未有的信任、崇拜与爱；同时，他也用自己的行动在这片从陌生到熟悉的土地上，播撒着爱的种子。

2012年1月27日，正是春节假期，马布里第二次来到医院看望患噬血细胞综合征的11岁女孩范媛琛。一个多月前，马布里曾经到医院看望过媛媛，从美国回来后仅两天，他就兑现诺言再次来探望媛媛。他和媛媛在一起待了一个多小时，一起玩游戏，谈论孩子喜欢的话题。与上次不同的是，这次探访应马布里的要求没有记者随访。媛媛的父亲范盛谊说，马布里这次就是以朋友的身份看望媛媛，临走时马布里还和媛媛悄悄说：“下次我来连你父母也不告诉了。”

同年2月6日，“关心下一代·马布里公益篮球之旅”来到了西双版纳。一大早，勐海镇曼贺小学的孩子们就冒着小雨，列队欢迎马布里一行的到来。马布里很开心地为孩子们签名，与孩子们互动，并捐赠了一批“星布里”T恤和运动鞋。

7月，马布里与关心下一代基金会携手举办的“马布里慈善晚宴”在北京万达索菲亚大酒店举行。为了此次晚会，马布里捐献了2003NBA全明星戒指、北京队夺冠金色球衣、尼克斯时期签名球衣、2003NBA全明星签名球衣和球帽。当晚共筹得201.6万元善款，全部捐赠给关心下一代基金会，用于发展公益事业。

球迷们记得：2013年10月10日，马布里作为“雪佛兰—红粉笔乡村教育计划”的志愿者来到云南，给香格里拉市虎跳峡镇中心小学的学生们带去了一堂别开生面的体育课。马布里从小是一个苦孩子，他说在他小的时候，并没有得到太多人的关注和关心。“这也是为什么我在成功之后尽力去回报社会的原因。我希望把爱传递给更多的人，让孩子们知道他们是被人关爱的，让他们知道有很多人希望他们日后能成功。”

球迷们很高兴马布里爱上了北京，在北京谋人生，图发展。2014年4月2日，马布里从时任北京市市长王安顺手中接过了证章和金钥匙，成为第30位“北京市荣誉市民”。这一天马布里已经蜕变成一个地地道道的“北京人”，他给自己起了个名字：“北京小伙。”

谈到他钟情北京，与北京“相恋”的原因，马布里深情地说：“这里跟纽约很像，什么人都遇得上，看电影、看演出，吃各种风味的美食。”马布里在北京生活得有滋有味，甚至还跟相声演员曹云金同台说过相声。

后来，马布里在北京大兴区买了一套150平方米的房子，还特意买了公交一卡通，坐地铁“上下班”。“因为我想看看北京人的生活，这才是一座城市的灵魂。”马布里发自心田的话语，表达了他的心声。

现在的他早已融入了这座城市，回到纽约的时候，他身上“很中国”的习惯依旧改不掉。例如，点餐的时候，他习惯了远远地就招呼一声“服务员”，这让餐厅里的人十分吃惊。因为在他的故乡，点餐只是在服务员走过来之后才开始的。如今的马布里，和队友一起去吃火锅，用筷子比用刀叉还要熟练。去工体为国安队加油，激动时会不由自主地跳起来呐喊。他喜欢功夫茶多过喜欢咖啡。在电视里看到北京的城市宣传片，他说自己也想和那些大爷、大妈一样跑跑步、打打太极。他熟悉了簋街，习惯了牛蛙的味道。他逛三里屯，也逛小商品市场，还在那里买了剃头用的推子。2018年，马布里受邀到人民大会堂参观，有网友为他得意洋洋的照片配上了调侃的文字。

熟悉马布里的人都知道，他有一句口头禅：“Love is love（爱就是爱）。”他曾说过：“爱是解答生命中所有问题的钥匙，如果你付出爱，那么你也会得到爱。”马布里爱北京和中国，他曾说过：“我的余生将会在这里度过。”

浪子回头金不换，马布里来到北京，融入黄皮肤的人群后，焕发了新的生机，就连在教育子女方面，也深受中华民族传统文化的影响。在马布里带领北京队获得球队历史上首个 CBA 总冠军后，球迷们为他在五棵松球馆外的草坪上竖起了名为“举鼎时刻”的铜像。马布里曾带着儿子站着铜像面前，激励儿子热心篮球事业。已经退役的马布里希望现身说法，激发自己和儿子更加努力，这一幕恰巧被记者抓拍到。两天后，马布里也在社交媒体上晒出了儿子站在自己铜像面前的照片。

谈起自己的铜像雕塑，马布里心里不能平静：“这个雕像是在 2012 年制作的，但直到现在仍然有深远的意义。在雕像制作的前一年，我还站在李小龙在中国香港的雕像面前，憧憬着这样的雕像是多么的名垂千古，没想到一年后我就有了自己的雕像。在北京生活的日子里，我逐渐明白了一个道理：当你努力的时候，你永远不知道你的生活将发生什么，也不知道你给予了全部的努力会得到什么。北京，给了我生活的勇气和希望，看到我在自己雕塑前照的这张照片，就会激励我在未来的 50 年更加努力，也会激励我的儿子更加努力。恩宠和勇气并存，带着上帝的祝福去努力吧。”在社交媒体上，马布里写下了以上长文。

自 2010 年来到 CBA 联赛，马布里在为山西队和广东队效力后，在 2011 年夏天加入了北京队，并且在效力的第一年就带领球队夺得了队史上的第一个 CBA 总冠军，也实现了他加盟球队时的诺言，一直备受质疑和争议的马布里证明了自己，也让无数北京球迷对他顶礼膜拜。

朋友来了有好酒，豺狼来了有猎枪。对于马布里这位朋友，北京人以特有的方式表达了欢迎和敬意，于是就有了五棵松球馆外马布里的个人雕像。当时，这座铜像是百万球迷通过投票的方式决定为其塑造的，马布里对于球迷的这一举动很感动。

在铜像揭幕的当天，马布里致辞表示，他从未想过能实现这样的梦想，这比他做过的任何一个梦都美好，这是他人生中最难忘的一天，无法用语言来表达。

勤俭持家久，善良传万代。马布里在逐步融入北京的生活之后，感受到了中华民族优秀传统文化的魅力，懂得了言传身教对一个孩子的深远影响。驰骋篮坛之余，他把大部分精力用在培养儿子上。过去几年，马布里在休赛期进行训练时都会带上他的儿子，悉心指导儿子的训练。虎父无犬子，在马布里的悉心指导和严格要求下，他的儿子有了很大的进步。

三、感受中华民族优秀传统文化，创新男篮发展

中华民族传统文化源远流长、博大精深，之所以能历久不衰，就在于它蕴含着前赴后继、不断创新的奋斗精神。即使失败，人们也会给予鼓励。不以成败论英雄，就是中国人评价世界、评价历史的态度。对于楚汉之争的败将项羽、民族英雄岳飞等，人们都给予了客观中肯的评价。马布里深切地感受到了这一点，因此，在北京生活一段时间后，为发展篮球事业，培养后备人才，他开始热衷 3×3 篮球比赛赛事规则，并对此寄予厚望，这一切并不令人意外。22 年的职业球员生涯，充分展示了他全面的技术。这位如今已过不惑之年的传奇球星，童年时期在纽约的户外球场上练就了他的街球本领，这个背景激发了他对 3×3 赛事的兴趣。

自 2018 年退役以来，马布里一直忙于追逐自己的商业利益，包括公开表示他的雄心壮志，要在他的第二故乡——中国创办一个 3×3 职

业联赛，并参加2020年东京奥运会，在那里，3×3将首次亮相奥运会。

马布里是2019年国际篮联篮球世界杯(FIBA Basketball World Cup)的特邀嘉宾，他相信参加3×3篮球比赛会带来更多收获。他说："它给你提供了做某些事情所需要的支持。""从根本上讲是健全的，然后将街球运动与你的兴趣交织在一起，这让事情变得如此简单，因为你可以用球做很多伎俩，让人们认为你是单向前进，但是你会走另一条路。你可以用这个球来欺骗大脑，让它沉迷于你让他相信的事情，然后你就进球了。"这位身高1.88米的前后卫表示，他很欣赏3×3这项篮球运动，并对它如何通过各类社交媒体获得忠实粉丝印象深刻。

谈起人生的惬意之事，马布里说首件当推获得北京绿卡。他回忆说，那年4月，他前往北京市公安局出入境管理局，申请了"外国人永久居留身份证"。当时的他心情忐忑，也充满期待。

北京这个国际化的大都市，为马布里实现个人梦想提供了各种舞台。2019年，他有幸参加博鳌体育论坛，关注新经济下中国体育产业的重塑。2019博鳌体育论坛将目光投向了中国经济与体育产业的相关性。在经济转型、消费升级的背景下，体育产业成为备受追捧的新消费增长点，经济学家也开始关注研究这一新兴产业。此次的博鳌体育论坛聚焦体育与中国经济的关联，以"体育产业，赢在新经济拐点"为主题，汇聚来自国内外的经济学家、体育政策制定者、体育媒体人、著名运动员等各界精英，共同就体育改革、体育消费、体育传媒、体育资本等话题展开对话。

国家体育总局副局长李颖川在题为"构建国家经济体系，促进体育产业现代化进程"的致辞中表示，体育产业要真正融入国家经济社会发展主流，切实发挥体育产业在扩大内需、推动经济结构转型升级、促进就业和培育经济发展新动能中的作用。

作为本次论坛的运动员代表，第一次来到博鳌体育论坛的马布里如今有了一个新的身份：Stronger Me 品牌联合创始人。步入篮球生涯下半场，马布里将视角对准了另一备受关注的领域——青少年培训。对于自己的新身份和新职业，马布里表示："我要让孩子们不局限于篮球本身，而且还有自己竞技思维的成长。"他直言，中国对我的职业和人生有很大帮助，"所以我也希望能够帮助中国的年轻人，不仅让他们学会打篮球，更要帮助他们实现人生目标。"

四、走近马布里个人博物馆

2015 年 12 月，中国邮政将为马布里开设一座个人博物馆的消息传开，这一消息立刻引起了北京球迷的关注。马布里随后在微博上回应此事，他对北京能够给予他这份荣誉十分感激。他还表示，北京已是他的家，他已离不开北京。为个人开辟博物馆，这在北京乃至全国都属首例，而且这座博物馆将起名为"马布里之家"，整个博物馆将全部讲述马布里的故事，有他大学时代的纪念册、在 NBA 赢得的荣耀，还有在北京队期间获得的奖杯。

据了解，来北京后的五年，马布里一直租住在王府井的公寓里，但租房子总是感觉不到家的温暖，没有自己的房子来得温馨。由于每年都会积攒下来很多个人物品，租的公寓很快就被填满了，他只能打包寄存在首钢俱乐部，因此他一直想在北京城里拥有一个自己的家。

起初这个愿望很渺茫，可在现代化办事节奏的北京，很快成为了现实。2015 年 12 月 27 日，北京队狂胜吉林队，赢得 9 连胜的终场哨刚吹响，马布里就跑到记录台后面的坐席上，搂住了他的妈妈——这一天是马布里妈妈 74 岁的生日，老人坐在五棵松体育馆里看了两场球，亲眼见证了儿子效力的球队连续打败了浙江队和吉林队。观众们看见马布里搂着妈妈，都起立给老太太鼓掌。老太太靠在儿子的怀里，冲着观众们挥手，眼泪"唰"地就流下来了。老太太来北京一个星期了，这是她第二次来北京，打算住上一个月。老太太是个坚强的人，一共生育了 7 个孩子，马布里是家里最小的孩子。马布里一家住在纽约的科尼岛，家里条件很差，直到马布里成为一名 NBA 的超级明星，才彻底改善了他们的家庭条件。

老太太的腿脚很不利落，必须有人搀着才能走路。她坐了十几小时的飞机来到北京，想再次看看儿子的生活。这一个星期，老太太常常喜极而泣，因为儿子现在的生活太美好了。她坐在五棵松体育馆里，听着儿子罚球的时候，看台上观众齐声高喊的"MVP"，老太太幸福得直晃脑袋，眼泪又流下来了。

一个星期以前，在"马布里之家"博物馆开馆的媒体日上，老太太带着全家都来了。马布里的大姐马西娅、二姐史蒂芬妮、哥哥唐(从小教马布里打球)、妻子塔莎、大女儿史蒂芬妮、二女儿哈维和儿子小史蒂芬全都在台上哭了。老太太说："因为我儿子的天赋，很多球队曾青睐他，但从没有一支球队和一座城市，像北京一样，给了我儿子这么多的爱。"

马布里邀请全家人过来，就是为了来看他的博物馆。对于一名运动员而言，拥有个人博物馆，这是北京给予他的不能再多的厚爱与尊重。这座位于长安街之畔、占地面积超过 300 平方米的个人博物馆，自 2018 年 12 月 28 日起正式对外开放。

博物馆每周一到周五开放，所有感兴趣的朋友都可以前去参观。博物馆众筹那座真人大小的蜡像时，20 位顶级众筹者里，有一半不是来自北京。其中一位来自山东的朋友说，他是马布里的铁粉，球迷见面活动的时候要带全家来。他们都明白什么是竞技体育的精神，他们也都不是从马布里来到北京后才开始看他打球的。

北京男篮的主教练闵鹿蕾在揭幕仪式上说："这个老家伙职业生涯

的最大成就是在北京赢得的。”是的，在来到北京之前，马布里在职业联赛里从未品尝过冠军的滋味。但与此同时，由于来到北京这5年的成就，很多人几乎忘记了当年的马布里曾经是一个怎样的篮球运动员。他是纽约之子，从高中时代起，就被视作未来的明星。在高中和大学时代，他都入选过全美最佳阵容。1996年选秀黄金一代，他是第四顺位。在NBA职业生涯效力的5支球队里，他在其中的3支都是顶薪球员。在13年的NBA生涯里，他连续8个赛季保持在20分、8次助攻以上，是NBA历史上第二个取得如此成绩的后卫。

在这座博物馆里，不但有关于北京的故事，更有马布里34岁以前的人生：他在纽约贫寒的家庭里如何生长，如何踏上了篮球之路；在璀璨繁华的一代篮球运动员的巨星之光里，他怎样跻身NBA，成为一名全明星后卫。

博物馆还有一个奇特之处，馆里开设了“马布里之家”一角，里面展示着一批马布里的旧照。这是他的大姐马西娅为他打包寄来的展品，里面有许多照片马布里都已经多年未见。

在博物馆的第一面背景墙后面，是一面纽约的涂鸦。那面涂鸦上挂着一副相框，那是1995年的一份全美《今日美国》(*USA Today*)的报样，呈现的是由《今日美国》评选出的1995年全美高中最佳阵容。在报纸的正中，是1995年全美最佳高中生球员、全美高中生第一阵容里的中锋，那一年刚进入NBA的凯文·加内特；两个前锋，一个是罗恩·默塞尔，另一个是“拖拉机”罗伯特·特雷勒；攻击后卫，人称“半人半神”的文斯·卡特；核心后卫，来自纽约林肯高中的马布里。本届全美高中生第一阵容的球员，后来全部跻身NBA，在美国高中的历史上仅此一届。那时，18岁的马布里刚刚率领林肯高中赢得了纽约州冠军，实现了哥哥们未竟的事业，被佐治亚理工学院录取。博物馆里，陈列着大量他在高中和大学时代赢得的奖杯和奖盘，包括1995年纽约州冠军和纽约州的篮球先生。那些奖杯，都带着 20 多年前的鲜明风格，四柱式设计，巨大。其中一枚已经有了裂痕的奖盘，诉说着马布里在大学时代有多么引人关注，他入选奈史密斯(现代篮球发明者)奖全美最佳阵容，这是美国大学篮球的最高奖项之一。

博物馆的开馆，丰富了马布里的生活，一有时间他就会到博物馆现场讲述展品的来历。在博物馆的第二面影壁墙上，悬挂着 18 个内藏当年的报纸和杂志的镜框。这些报纸和杂志，都来自 1996 年 NBA 选秀大会前后和明尼苏达森林狼队的第一季，那是老马梦开始的地方。这些收藏了 20 多年的报纸，讲述了当年两名最出色的后卫——马布里和艾弗森在选秀大会上怎样竞争状元秀；讲述了森林狼队在配齐马布里和加内特的双拳组合之后，立刻杀入季后赛，曾经有怎样的期许。

这面墙的左右两个上角，是最著名、最难忘的两份杂志内页。在墙的左上角，是那张 1996 黄金一代的合影，艾弗森、坎比、拉希姆、马布里、科比、佩贾、纳什、雷 · 阿伦，他们之后都成为联盟中的巨星，这是 1996 年 6 月刊《体育画报》的插图，被摘下来装订在相框里。在这张合影里，19 岁的马布里和 18 岁的科比，是多么年轻！

在墙的右上角，是《体育画报》1997 年 1 月刊中的插图，画面中马布里和加内特互相拥抱着，站在明尼苏达的冰天雪地里。他们曾经是那么好的朋友，被视作联盟未来最可怕的内外线组合，他们曾被认为将一起冲击总冠军。那场冰雪之梦，早就终结在了心底。

其实，个人博物馆作为一件新生事物，它的建立不可能一帆风顺。早在赛季还没开始时，马布里曾跟相关人士说过这个事情，他说："我需要一个属于我的房间，做办公室也行，做休息室也行，这样没事儿我就可以待在那儿，干点我自己的事，时不时地我还能给来参观的人一个惊喜，我喜欢给别人惊喜。要是我有时间还能给他们讲讲我的故事、北京篮球的故事，那多有趣。"建立个人博物馆的消息传开后，马布里随后转发了这条微博，并在微博中写道："对于这样一个莫大的荣誉，我深受感动。我从来没有想过我这一生中，能够有一天看到我的篮球生涯被如此地记入历史。感谢中国邮政，能够在我现今称之为家的北京，为我建立这样一个纪念博物馆。"

这一消息披露后，立刻引起了北京球迷的热议，许多北京球迷采取众筹方式，为这个博物馆制作一个马布里蜡像。随后，马布里在微博中不断地回复球迷的留言，他说："我希望你们届时能够到现场去看看，这将会是我这一生中最重要的时刻之一。"有网友称超人就值得这样超级酷的待遇。对此，马布里回应说："我只是一个想要去做到最好的男人，无论是在场上还是场下。我还不完美，但我会为之而努力。"

马里布说："我们想要一起去赢得冠军，即便有太多的人说我们不可能如愿。但我们的信念比那些人所了解的更要强大。我们生来便具有一颗冠军之心，只是需要一些时间去走上那条正确的道路。"

谈到自己的未来，马布里说："我想给闵指导做助理教练，这么多年，北京已经是我的家了，我的生活和事业都在这里，我已经离不开了。"基于这样的情怀，北京人投桃报李，给予马布里特殊的礼遇，克服各种障碍，在各界人士的大力支持下，在很短的时间内筹建了"马布里之家"，给他和他的家人，给社会各界一个惊喜。

五、从球星到"北京榜样"的转型

回眸马布里人生最辉煌的时刻，当数他被评为"北京榜样"这一历史节点。2014 年 8 月，在"北京榜样"主题评选活动中，马布里入选 8 月第四周榜单。

马布里热爱并需要这座城市，而这座城市也热爱并需要马布里。

“北京人”马布里和每一位普通的北京人一样，每天忙碌在自己的工作岗位上，为自己和这座城市的荣耀而努力。

马布里被评为“2014 北京榜样”十大年榜人物后，引起了社会各界的广泛关注。

网友“NEW START！NEW BATTLE！”评论：老马经历事业起伏，人情冷暖世态炎凉的洗礼，辗转来到这个城市，努力，拼搏，流血，流汗，带领北京队 3 次登顶。一个人能忘我地付出，努力地去融入新环境，并取得成功是值得肯定的，当然配得上这个荣誉。如果你行，能给你所在的城市带来荣耀，我想你也会被视为英雄、榜样的。

网友“黑糖”回复：多少年前，一部《北京人在纽约》红遍大江南北，而在今天，现实版的“纽约人在北京”正在上演。因为，斯蒂芬·马布里与北京队协力同心，一跃成为 CBA 顶尖强队，4 年中 3 次夺冠；因为马布里，平淡的北京球市被点燃，季后赛时一票难求；因为马布里，多少北京孩子爱上了篮球运动，他们以马布里为偶像，梦想着有一天登上更大的舞台。篮球之外，马布里坐地铁、学喝茶、说相声……他用所有的热情去融入这座城市，去热爱这座城市，在 CBA，马布里总被引为美谈，当别的外援总算计着多赚一些美元时，他却在做着更多有意义的事情。既如此，将老马称为“北京榜样”，有何不可？

2012 年，马布里率领北京首钢男篮夺得了俱乐部历史上第一座 CBA 总冠军，从此开启了一段属于首钢的王朝岁月。马布里被视为北京的城市英雄，当时有球迷在网上发起了“把爱集结，我为老马铸雕像”活动，最终马政委的雕像在五棵松体育馆门口拔地而起。马布里在北京这座城市得到了重生，又被竖起雕像，这在当时甚至引起了科比等 1996 黄金一代其他巨星的嫉妒。

对于北京球迷来说，这座雕像见证了首钢篮球的崛起和辉煌，直到 2018 年 2 月马布里退役。马布里的离开，也让球迷伤心不已。

市场经济，给体育带来了活力，也有负面的影响，有的网友对体育界现实的缤纷乱象，哀其不幸，怒其不争，直谏诤言；有的网友指点利弊，语言犀利，直戳要害。这或许也是开放城市的可爱之处！

这就是北京！不仅包容了曾经桀骜不驯的马布里，也包容着各种争议和见解。有争议，才有真理，有真理，才有正义，才有发展。北京早已从历代封建王朝的统治中心，转变为一座胸襟坦荡的国际化大都市，以深厚的文化底蕴和“爱国、创新、包容、厚德”的北京精神，彰显着“有朋自远方来，不亦乐乎”的中华民族礼仪之邦风采。

来世还做连理枝

——记“时代楷模”闫志国与爱妻张胜兰的故事

刘俊杰

人物简介：

闫志国，男，1949 年生，中国货运邮政航空公司退休干部。作为天之骄子的空军飞行员，他在新婚第 5 天遭遇唐山大地震，妻子高位截瘫。然而他不离不弃，守候、照料妻子 41 年，期间他帮助妻子战胜困难，顽强写作。1987 年，妻子张胜兰以他们的故事为原型，写成长篇自传体小说《忧愁河》，受到好评如潮。他说：一生只选择一个职业，那就是飞行；一生只选择一种爱情，那就是相守。

一、意外的灾祸使夫妻情感越发弥坚

2019 年 5 月的一天，笔者走进闫志国简陋的住所，寒暄之后，很快进入了采访主题。面对那张推着爱妻张胜兰前往公园的照片，闫志国的脸阴沉下来，眉宇间罩上一层阴云，眼角噙满了泪花……

对于别人来说，春天是愉快和惬意的，而闫志国却怎么也轻松不起来，因为工作之余，他要全身心地照顾重患在身的妻子张胜兰。街头滚滚的车流，挡不住满树新绿带来的春意，闫志国用轮椅推着妻子张胜兰从楼群中平稳地走出，去观赏正在盛开的桃花。在北京崇文门西大街附近的居民看来，这已是多年的一道风景。

如果不特别说明，没人会想到一脸忠厚的闫志国是一位既开过战斗机，又开过民用飞机的“空中骄子”；也没人会想到服饰得体、面庞清秀的张胜兰，已高位截瘫 40 多年。

闫志国，中国货运邮政航空公司飞行技术部高级业务经理。多年来，他用至真至纯的感情，奏响了一部事业与爱情的交响乐。往事不堪回首，历史，往往因一个突发事件被划分成截然不同的时期，闫志国和张胜兰也是如此。

1976 年 7 月 28 日凌晨 3 点 42 分，这个时间点已被闫志国牢牢地镌刻进脑海里。多少次，他想忘记这个给他、给妻子、给几十万唐山人民，带来难以抹去的痛苦记忆的时刻，可他做不到，永远也做不到！想起那一刻，他不仅刻骨铭心，更感到头疼欲裂。唐山大地震把这对结婚仅 5 天的年轻夫妻，从新婚燕尔的甜蜜中，拉到了一场为挽救生命而进行的旷日持久、残酷无比的争夺战里。回忆起那一天，年近古稀的闫志国依然感慨命运无情的捉弄。

当年，身为空军王牌、服役于北京空军航空兵某部的飞行员闫志国，经历了两年书信传情，终与福建某部队卫生队漂亮大方的护士张胜兰结为秦晋之好。

那是一段激情燃烧的岁月，心心相印的二人在征得领导、父母的同意后，举办了简单的婚礼。登记地点没有选在福建，而是选在了闫志国驻勤的河北；婚礼没有选在部队所在地的遵化，而是选在了唐山市区闫志国驻勤的机场。那个年代，婚事简办蔚然成风。他们夫妻二人都是军人，肩负保卫祖国的重要使命，更没有闲工夫花前月下、海誓山盟。共同的理想使他们并肩齐眉，一切都顺理成章。7 月 23 日，闫志国给战友们买了两包杂拌糖，在部队食堂多点了几个菜，简单地一聚，就宣布结婚了。婚礼后，闫志国准备一周后带着妻子回老家拜见父母，于是把启程日期定在了 7 月 29 日。

临行前两天，闫志国住在唐山市的岳父家里，27 日晚上他发现鱼缸里的金鱼烦躁不安，几次跃出。他不知所以，还几次小心翼翼地把掉在地上的鱼放回鱼缸。可有谁能够想到，此刻巨大的灾难正一步步逼近……次日凌晨 3 点 42 分，一阵刺眼的蓝光闪过之后，在大地的一阵强烈震动之中，地动山摇，厄运降临在这对新婚夫妻头上，山墙倾倒在婚床之上。

沉睡中被砸伤的闫志国，坐起来摸摸身体，除去头部受了点伤，并没有大碍。他赶忙爬起来一边呼喊，一边从废墟的砖石堆里把新娘张胜兰扒了出来。灾难猝不及防，但他毕竟是军人，反应敏捷，而令闫志国忧心的是此时妻子张胜兰不仅没有哭，没有叫，也没有挣扎与抽搐。“或许……可能……”闫志国不敢想，黑暗中他感觉到妻子还有气息，生命体征平稳，然而令他绝望的是，张胜兰除了脖子能感觉到疼痛外，胸部以下完全失去了知觉。

此时的闫志国已全然顾不得自己身上的伤痛，他只有一个念头，就是赶快把妻子送到可以医治的地方。闫志国带着张胜兰从唐山赶回遵化，又奔赴天津蓟县，但这时候的唐山以及周边地区已成为一片废墟，全然失控，突然而至的地震使毫无防备的唐山人民遭受了前所未有的重创。到处都是受难者尸体和伤者，医院早已人满为患。虽然希望渺茫，但他没有放弃，仍四处奔波，一直寻觅着。

7 月 31 日，张胜兰终于得以躺在医院的病床上接受手术。那一刻，闫志国还不敢、也不愿相信，命运之神会那么残酷无情，摧毁他刚刚开始的不足 100 小时的幸福生活。他还寄希望妻子只是身体的某一部位受伤，康复只是早晚的事。

然而，爱妻张胜兰的状况令他十分焦虑：全身只有眼珠还在动，高烧 40 度，周身不能排汗，脚上被砸掉一块肉，伤口流着脓血，而且一时大小便失禁，一时又是尿潴留。这些给闫志国的打击还不算什么，医院综合检查后发现，张胜兰的第五、六节颈椎在受到外力撞击后已粉碎性骨折，中枢神经严重损伤，心脏搏动、血压、呼吸都出现异常，体温调节功能紊乱，并出现了肺部、泌尿系统感染。医生推测其生命在 3 个月内随时可能终止。

这个噩耗，不亚于晴天霹雳，把闫志国震得头昏脑涨。他平复了心情，冷静思考之后，下定决心无论如何都要为张胜兰治伤。可严峻的现实却令他没有半点乐观和自信，爱妻严重错位的颈椎要依靠在颅骨打洞，实施牵引术复位。之后的 40 多天里，她头部被几十千克的铅块向后坠着，喝口水就像是倒灌进了颅腔。牵引术基本成功，终于抻拉开了张胜兰错位的颈椎，然而手术后还要用钢丝固定，这又是一番残酷的肉体与心灵的折磨。

俗话说：人有享不了的福，没有受不了的罪。在惴惴不安和忧虑中，闫志国度日如年，苦熬着每一天、每一分、每一秒。他逐渐冷静下来：既然灾难降临在自己的头上，身为中国军人他就应该勇敢面对。夫妻二人手握手，用眼神相互鼓舞、勉励，积蓄着与病痛斗争下去的勇气和力量。闫志国一改北方汉子的粗犷，像照顾婴儿一样，精心侍奉着张胜兰，终于，妻子闯过了 3 个月的生命危险期。

可威胁张胜兰生命的警报并没有解除，恢复健康的希望渺茫而遥远，医生给出的生命期限又调整为 6 个月。日复一日，为了挽救爱人的生命，闫志国努力让毫无食欲的张胜兰吃下食物；为了爱人少一些痛楚，他一次次为她擦洗、翻身；为了让爱人活得有尊严，他及时清理排泄物……尽管开始时闫志国还不好意思，也笨手笨脚的，但他用全部的爱意和精心看护，帮助胜兰闯过了又一个生命危险期。

张胜兰在部队是从事医务工作多年的护士，深谙医学知识。当她根据种种迹象，推断出自己可能再也站不起来的时候，无异于头脑中再次爆发了一场 8 级地震。高位截瘫病人容不得抑郁、狂躁，面对无法预知的未来，闫志国不断耐心地开导张胜兰。丈夫的安慰无疑成为她内心的依靠，成为她坚强活下去、站起来的理由。

在四处求医问药的过程中，闫志国听到了这样一种说法：伤筋动骨一百天，而对于损伤的中枢神经而言，3 个月只相当于一天。闫志国和张胜兰屈指一算，按这样的速度，病体痊愈需要 25 年。25 年虽然漫长，然而，他们寄希望也许奇迹将在 25 年后发生。有了希望，有了追求，就有了信心！

爱人闫志国的温存和有可能重新站起来的那若明若暗的希望，鼓舞着病床上的张胜兰，使她坚强起来。爱情的坚守成为支撑她顽强活下去的坚定信念。

闫志国是一位好丈夫，更是一位好战士、优秀飞行员。那一年，国家处于特殊的历史时期，唐山大地震、第一代国家领导人相继去世，形势严峻，作为军人，需要高度戒备。而身为万米高空，歼 8 战斗机的飞行员闫志国，国事、家事、天下事，都压在他的身上。自 1969 年开始驾驶歼击机的闫志国，当时已翱翔蓝天第七个年头，他在飞行中以灵活、机敏成为"空中骄子"中的佼佼者。领导担心：遭受了如此沉重的打击，他的情绪能否稳定？亲人们忧虑：繁重战备飞行任务压力下的闫志国，怎么照顾瘫痪在床的妻子？战友们挂念：多重压力下，闫志国还能不能翱翔蓝天？

何为男儿？困难面前矢志不渝！何为战士？生死面前视死如归！何为勇士？敢于直面惨淡的人生！闫志国就是这样优秀的男儿、战士、勇士！面对领导、亲人和战友忧虑的目光，他坚定地表示：请祖国和人民放心，请亲人们放心，闫志国不是懦夫，一定百分之百完成各项飞行任务，百分之百完成祖国赋予的神圣使命，捍卫祖国的蓝天！也一定照顾好重病在床的妻子！

1977 年之后，经过多次大手术，张胜兰的病情日渐稳定。那时，闫志国身边的朋友都善意地提醒他，该做的已经做了，是否考虑重新组织家庭。闫志国知道，不是贴心的朋友不会对他说这样的话。的确，作为歼击机飞行员，需要一个能支撑他事业发展的家庭；作为农民子弟，家庭注重传宗接代。即使不放弃张胜兰，依然有一种变通的选择——在唐山大地震后，出现了不少三人组合的特殊家庭。这些承载着多重苦难的家庭，并没有受到人们的指责。此时，张胜兰也提出："志国，你对我已尽到了责任。你还年轻，又是搞飞行的。为了你今后的生活，为了你的前途，我不能再拖累你……"

闫志国却仿佛什么也没听见，什么也没考虑，飞行的日子围着云彩转，休息的日子就围着妻子转。战机座舱、回家路上、轮椅，成为他生活中的三点一线。后来，闫志国不断接到各地来信，有为他做媒介绍对象的，有向他表达爱意的，身边也有不少姑娘向他抛来橄榄枝，均被他婉言谢绝。

二、苦难夫妻，恩爱苦也甜

苦难，对于每个人来说，都是生活中一本厚重的书。而苦难与辉煌，苦难与幸福，好似一对孪生兄弟，永远也无法分开。只不过每个人的苦难与辉煌，都是不同的篇章、不同的页码。我们能读到的永远是昔日的那一页，而无法读懂即将到来的那一页。

闫志国也不能例外。他的前半生特别是那段血与泪的峥嵘岁月，始终饱受着发展事业与照顾家庭的双重考验。他的经历和他的追求，不愧他的名字，志国，志在家国。1985年，中国空军首次进行飞行员等级评定，他成为第一批特级飞行员中的一员。生活中，闫志国依然秉持自己的操守，并没有灵活转身，而是开始了"负重飞翔"。

采访中，笔者与头发花白的闫志国坐在一起，听他讲述着自己坎坷的心路历程。他说："到了现在这个年纪，没有什么不可以坦率讲的。谁不想过更好的生活？当年，面对朋友的建议，想想自己的未来，我也曾动摇过。但当我看到胜兰目光中的怯怯和无助，想着大难不死后日益加深的感情，我心甘情愿和她相守一生。胜兰是在航空兵部队大院里长大的，'苹果好吃，寡妇难当'的话从小就听过。和飞行员结婚，也是需要勇气的。在领结婚证的前一个月，她战友的丈夫在一次飞行事故中牺牲了，但她依然选择了我。人要懂得换位思考，如果在地震中瘫痪的是我，胜兰会怎样选择？如果瘫痪的是我，我最依靠的是谁？我自诩并不比谁崇高，只是我割舍不下爱我的人。”

没有豪言壮语，没有夸夸其谈，闫志国就是这么一个言行一致的男人！说他诚信老实也好，说他僵化愚昧也罢，他都不愧是一个有着传统美德的好男儿。选择坚守，就意味着要不断与苦难斗争。张胜兰五分之四的身体失去了知觉，不能活动，且变得僵硬、萎缩、畸形，对她而言，生活中的一切都要从头学起，甚至要从抓、挠等一些简单的动作开始练习。

为了给张胜兰补充营养，在那个市场供应紧张的年代，闫志国想尽办法购买各种肉食和水果；为了让生活无法自理的张胜兰感到舒适，闫志国要求自己和请来的保姆“怎样舒服，就要让胜兰怎样生活”。多年来，张胜兰的病体从没有出现过瘫痪病人极易出现的褥疮。

为了恢复张胜兰的各项身体机能，闫志国一有时间就一遍遍地为她按摩麻木的肢体，一遍遍地扶着她拉吊环练力量。终于，1980 年，张胜兰的双臂能抬起来了，几个手指也恢复了部分机能，能动了！张胜兰喜爱文学，闫志国就给她借来中外名著，鼓励她进行创作。张胜兰用双手夹住笔，开始在纸上像刻印章一样写字，被人戏称为“梅花篆字”。

功夫不负有心人，张胜兰先慢后快，先易后难，后来写字的速度能达到每分钟 20～30 个字。2001 年，在地震后的第 25 个年头到来之际，当初祈盼的奇迹并没有在张胜兰身上发生，她没能如愿站起来，也没能恢复下肢的机能而像正常人一样生活，但精神上的奇迹却已发生，闫志国和张胜兰仿佛武侠小说中的侠士，向死而生，笑做夫妻。自那以后，闫志国和张胜兰已经不再计算奇迹出现的时间，而是计算着在携手闯过 25 年之后，再闯一个 25 年，那就是他们夫妻无憾的一生。

夫妻一生，一生夫妻，这就是他们坚持的理想。“志国是为飞行而生的！”张胜兰经常骄傲地对家人和朋友们说，语气中充满着自豪。的确如此，早年，他为人民空军而生，先后执飞的歼 6 机、歼 8 机，都是当时我国空军最先进的战斗机。他34岁升任飞行团长，是当时我人民空军唯一能够驾驶歼8机的政工领导干部，且驾驶歼击机飞行2 700小时无任何失误，曾荣立三等功6次、二等功1次。1978年，他被授予“雷锋式干部”称号。张胜兰的话非常准确，也带有预见性。1995年，当闫志国因年龄限制，不能再驾驶歼击机时，他转业到了中国货运邮政航空公司，从此，民航飞行事业成为闫志国事业的新起点。对于普通人而言，驾驶飞机是冒天大风险的难事；而对于闫志国来说，却是解脱压力、让心灵自由的乐事。只要一坐进飞机驾驶舱，他所有的痛苦、悲伤、担忧都会随风而去。

轮椅上的张胜兰也开始有了自己热爱的事业——文学创作。1984年，她用双手夹笔，一字一字“雕琢”而成的7 000字的自述性文章《她心中的歌》在《空军报》头版发表。从1986年开始，她在《空军报》社长金为华的鼓励下，用4年多的时间，写出了长篇自传体小说《忧愁河》。这篇小说在1987年创刊的《中国空军》杂志连载，并于1991年由蓝天出版社正式出版。她不仅有面向读者的创作，还开始了只为夫妻彼此的创作——张胜兰从重新学会写字开始，与丈夫通信400多封，相互交流情感，彼此鼓励。

也许正是这些信，让闫志国对邮政产生了感情。转业后，他选择了收入并不高的邮航，开始驾驶运8飞机在祖国各地飞翔，运送邮件。

在邮航的岁月里，闫志国从没有因为家事调整过飞行计划，而这背后离不开张胜兰的支持。她患上了肾炎，因心动过缓安装了起搏器，住院治疗，这些事她都瞒着丈夫闫志国。2002年，闫志国成为邮航飞行部副经理，从2004年起又担任飞行部党总支书记。为了邮政事业的发展，他仍在祖国的万里蓝天不停地飞翔着。

如果不是一个意外，闫志国7 000小时的安全飞行纪录，还会继续延续。2005年，闫志国被查出患有陈旧性心梗。2006年4月，邮航领导出于关心，将他调到压力相对较小的飞行技术部，负责飞行员的技术标准制定和培训，培养邮航新一代飞行员。

人生就像一年四季，要经历春夏秋冬、风霜雨雪。一晃而过的生活，也有波澜。采访中，闫志国坦言，社会上的各种信息，对他和张胜兰也会产生影响：闫志国升任飞行团长后，暗中仍有人不断地给他介绍对象。

特别是20世纪80年代，正值生育期的张胜兰很羡慕别人都有孩子，而自己却因为瘫痪无法生育，每每看到别人家小孩，她都要多看几眼，夸上几句。那段日子，胜兰上街的时候，目光越来越多地停留在孩子们身上。特别是那些抱着孩子哺乳，牵着孩子小手走过的妇女，吸引了张胜兰羡慕的目光。

在散步的路上，在家里窗前，只要看到孩子的身影，胜兰的眼睛就像粘在了孩子身上似的，怎么也看不够。这一幕，悄悄落在闫志国眼里，他看出了妻子心中的企盼。一天，闫志国下班回家时带回一个洋娃娃，小姑娘穿着一身蓝衣裙，梳一对羊角辫，红扑扑的脸蛋上露着甜甜的笑，一双眼睛乌黑发亮，可爱极了。

闫志国把她放进胜兰怀里，摸摸玩具娃娃的小脑袋，风趣地说："小丫头，好好伺候妈妈，别调皮。"胜兰舒心地笑了，笑里含着泪。

夫妻俩给"小姑娘"取了一个含义深远的名字："盼盼"。

这一天是11月25日，也成了"盼盼"的生日。此后，每年的11月25日，夫妻俩都要为这个娃娃过生日，直至胜兰离世。此外，每年胜兰生日这天，闫志国都会送给她一个娃娃和小动物。年复一年，娃娃越积越多，每个小家伙都有自己的名字。胜兰喜欢被他们包围、簇拥着，她说这是他们夫妻俩的"小小幼儿园"。一个又一个漂亮的布娃娃摆放在床上、书柜上，组成了一支列队受阅的"童子军"，丰富着这对患难中的爱情鸟在岁月的风霜雨雪中，艰难地比翼飞翔的生活。

但在笔者采访时，却没看见这一幕。现在，在闫志国家的书柜里，摆放着的是各种类型的飞机模型，这是爱妻张胜兰最近几年培养的新爱好，她因丈夫的事业开始收藏飞机模型。

当闫志国告别飞行，可以每天按时回家时，他推着轮椅陪张胜兰散步的时光也越来越多。在残酷的现实面前，这对夫妻如迁徙的候鸟，比翼齐飞，从人生的寒冬，奔向理想的暖春。

生活是艰难的，也是幸福的，充满诗意的。闫志国记得，一个春日里，在满树的桃花下，张胜兰刚刚念完英国诗人艾略特的名句“四月是最残忍的一个月……”，随后，她又吟出女诗人林徽因的诗句：“你是一树一树的花开，是燕在梁间呢喃——你是爱，是暖，是希望，你是人间的四月天！”

四十多年来，人生磕磕绊绊，岁月风霜雨雪。当残酷与温柔、苦难与坚忍、无望与希望、事业与家庭、世俗与坚贞等一系列矛盾杂糅在一起时，闫志国和张胜兰奉献给彼此、呈现给世人的是爱，是暖，是希望，是人间的四月天！

在崇文门附近的部队干休所里，笔者凝视着眼前张胜兰的彩色照片：仪态端庄，比她实际年龄显得年轻很多。张胜兰曾对来访者说过：“我活着就靠一口气，也就是所谓的精气神，这都是志国给我的。”

确实如此，当年闫志国推着张胜兰出门，不熟的人以为他们是弟弟推着姐姐；多年以后，闫志国身心疲惫，显得苍老了，路人以为是哥哥推着妹妹。

谈恋爱时，张胜兰曾因闫志国看上去满脸稚气而感到心里不踏实。如今，岁月的风霜没有改变历久弥新的爱情，却已改变了闫志国的形象。与妻子张胜兰保养得细腻的肌肤相比，闫志国脸上刻着深深的皱纹，每一道皱纹里都埋藏着一段外人难以体会的辛劳与苦涩。他的额头，似乎永远笼罩着一层厚厚的愁云，压得他愁眉不展。

“我和女同志交流似乎有障碍，包括单位里的女同事，除了公事没什么话可说。”闫志国随便说出的一句话，却让笔者暗中体味出了其中的深意。他把心交给了爱妻张胜兰，便把心门紧锁了起来。

其实，这愁云，也是地震后遗症。在唐山大地震过去了 32 年之后，2008 年 5 月 12 日 14 点 28 分，四川汶川县发生的 8.0 级强烈地震，再次让闫志国刻骨铭心。当新华社向全世界发布“汶川地震的强度超过唐山大地震……是中华人民共和国成立以来，破坏性最强、波及范围最广的一次地震”这一报道时，闫志国不仅哭了，而且因此失眠，患上了严重的焦虑症。

稍有地震常识的人都知道，“震级”是按一定的微观标准，对地震能量大小进行度量而定的不同等级，等级越高，破坏力越大。然而，一场地震对一个人的影响，对其人生、家庭、爱情、事业的破坏程度，却是不能用等级衡量的。40 多年来，“唐山大地震”这个词如毒蛇猛虎般盘踞在国人的心中，代表了我们恐惧自然灾害的集体记忆。那场灾难和伤痛余波未平，如今，新的灾难再次波及中华大地，又会有多少劫后余生的患难夫妻？他们风雨同舟又能够走多远？

汶川地震，似乎又把许许多多的人带到不堪回首的冀东唐山，带到了那个演绎了无数悲惨和动人故事的主人公身旁。

曾经无数个暗夜，闫志国和张胜兰相拥着鼓励，寄希望于下一家医院和下一次治疗。是啊，他俩一起经历过那么惨烈的情景，见识过那么多在生命最后一刻，以渴望生的姿势死去的人们，而他俩还活着，还能依偎着，还能拥有着彼此，他们没有理由不充满感激与希望。何况，他俩还这样年轻，充满旺盛的生命力。然而，大自然的奥妙，就在于不以人的意志为转移，善良的愿望，美好的希冀，不可能满足每个人的渴望，奇迹没有发生，张胜兰颈部以下始终没有任何知觉……

那场灾难，对许多人而言是不幸的，对他们夫妻俩而言也是不幸的，或许又是幸运的。在庆幸保住生命的同时，张胜兰的瘫痪不亚于一场 8 级强震，同样波及着闫志国、张胜兰的亲友们，震撼着他们的心灵。

闫志国清楚记得，唐山地震之后回老家河北永清县别古装镇探亲的情形。屋内，一家人沉默着，久久没有人说话。在得知儿子儿媳的意外遭遇后，老父亲低头吸着烟，默默无语；老母亲老泪纵横，抬头看看消瘦的儿子，欲言又止。眼前这位英俊的中国空军飞行员，曾是这个家族的骄傲。如今，他却面临着命运的捉弄。志国的哥哥、嫂子和弟弟，也都默默地围坐在志国身旁，他们又能说什么？劝慰，同情，还是建议？一切都是多余的，只能等待着命运的评判，等待着闫志国为自己的未来生活做出抉择。他们心如明镜，这个抉择何其残忍！一边是胜兰无限依赖的无助眼神；一边是一个健康人家庭应有的一切。

曾经多少个夜晚，独居一室的闫志国，眼睛暗中湿润了。与此同时，多少个傍晚，胜兰一遍遍扭头看着桌上的小闹钟。秒针不紧不慢地走着，每一下都像敲击在胜兰心上。在她心里，这每一格移动都是志国的脚步，他快到家了。然而，时针转了一圈又一圈，志国还没回来。两行清泪不知不觉地滑下了她的脸庞。

志国的变化再细微，也逃不过胜兰的眼睛。他依然竭尽全力地为她求医问药；怕她寂寞，每天回到家里，笑容满面地给她讲故事、讲当天的见闻；像哄孩子似的喂她吃饭，为她洗澡，擦洗身体。她像个被宠爱的孩子，被志国小心地呵护着、照料着。但是，志国以前是不沾烟酒的，可书房里淡淡的烟草味和酒味，暴露了一个掩藏不住的秘密——他，心里很苦。想到这里，胜兰只能默默地淌泪。

她能体会到志国的苦。前来探望的亲朋好友们躲躲闪闪的眼神，流露出的同情足以杀死她！她想，如果一切是一场噩梦多好，醒来了，她依旧可以跑，可以跳，可以做很多很多事！她还那么年轻，刚刚和心爱的人组成家庭，本来丰富的人生才刚刚开始。她是护士、是女儿、是妻子……还应该是母亲！她有太多的事还没有来得及去做！而束缚在轮椅里和病床上多年的她，又能做什么？

志国终于回来了，胜兰一遍又一遍地鼓动自己，说吧，跟他说吧，把幸福还给他。望着丈夫含笑的脸和不停在屋子里忙碌的背影，多少次话到嘴边，她又咽了回去。

仲夏的晚上，房间里热极了。志国守在胜兰床前，一边给她摇扇子驱蚊，一边讲部队的训练情况，显出轻松的样子。凝视着爱人的眼睛，胜兰终于鼓起勇气，把自己这段时间反复思考的话说了出来："志国，你我之间，是不是该考虑重新组合了……"

志国先是一愣，转而捂住胜兰的嘴："胜兰，你怎么又提这个话题？千万别这么想！"

胜兰拿开志国的手："你别拦我，让我把话说完。你还年轻，又是搞飞行的。这么些年，你照顾我，我已十分感谢。为了你今后的生活，也为了你的前途，我不能再拖累你了。你应该有幸福，任何人都无权指责你，你应该有一个温暖的家。"

闫志国再次安慰妻子："胜兰，你现在需要养伤，不要想得过多，我们在一起生活的时间虽然很短，但你应当是了解我的。"

"不，你不能这样折磨自己了，作为妻子，我不能尽妻子的责任，不能照顾你的生活，我对不起你。"

志国伸出手，握着妻子那双无知觉的手，凝视着她的眼睛说："我已经想好了，我们共同来分担生活的不幸吧，谁也别扔下谁。我并不是迫于舆论的压力和道德的约束才这样做的，而是真心实意地喜欢你。"

"不，我不相信！"胜兰满脸泪痕。

"爱你，是我矢志不渝的选择。在我闫志国的心目中，你还是从前的张胜兰。只要你积极配合治疗，奇迹一定能够发生！你一定能重新站起来。你一定要有信心！"闫志国说着说着，泪水慢慢溢出眼眶，滴落在妻子同样满是泪痕的脸上。

冥冥暗夜里，夫妻相互倾诉着心声，两颗心跳动着一个相同的频率。

三、心有灵犀，共燃生命之火

旭日升起，夕阳西下，树叶绿而又黄。多年过去了，闫志国用行动实践着自己的诺言。在生活上，他给予妻子无微不至的关怀照料。张胜兰因久卧病床，身体极度虚弱，需要补充营养。可是，为了减轻照料者的麻烦，尽量不成为别人的负担，胜兰有意控制自己的饭量、尽量少喝水。看出了妻子的这点小心思，闫志国总是劝她说："人是铁，饭是钢，身体需要营养，你要尽量多吃点。”

每次执行完飞行任务回家，志国总会设法给胜兰做她喜欢吃的饭菜。志国自幼很少进厨房，为了弥补自己在厨艺上的缺陷，他就让胜兰坐在轮椅上在一旁指挥。

胜兰说：“油热了，该打鸡蛋了。”志国便打鸡蛋。

胜兰说：“放葱蒜。”志国便放葱蒜。

“倒西红柿。”志国服从命令，又往锅里倒西红柿。

两人这样你说我做，配合默契，一盘色香味俱全的西红柿炒鸡蛋，很快便端到餐桌上，放到胜兰面前。

每当胜兰因为药物反应不愿吃饭的时候，志国总是像劝小孩子一样，轻声细语地说：“再吃一口。”

胜兰刚刚咽下，又一口送到胜兰嘴边。“再吃最后一小口。”然后，志国又笑呵呵地说：“剩下这点，咱俩二一添作五，你一半，我一半。”

望着志国含笑的目光，胜兰像个孩子一样，顺从地吃了一口又一口……

一年四季，志国都保证胜兰有新鲜水果吃，香蕉、橘子、苹果、葡萄、菠萝、草莓、荔枝，只要胜兰爱吃的，他总是想方设法去买。外出疗养回来时，他也总是大包小包带回当地的土特产，让胜兰尝尝鲜、补补营养。

为战胜病魔，胜兰手术前要剃光头发，怕她看见自己的病态，志国悄悄把家里的镜子收了起来，直到手术后剃光的头终于蓄满新发了，志国才又摆出镜子。他高兴得合不拢嘴，按着胜兰的肩，在她额头上吻了又吻，兴奋地说：“假小子又变成大姑娘啦！”他上街买回电梳子和电吹风，把胜兰抱上轮椅，给她剪了个运动员发型，再帮她换上漂亮的衣服，然后推她到镜子前：“你瞧，这姑娘真漂亮。”胜兰从镜子里看见自己恢复了女儿妆，说不出有多高兴。

这么多年来，她依然那么年轻，脸色圆润、满头黑发，一点也看不出重病的样子，这一切都是爱的滋润，多亏了志国的照顾。她感激地望着志国，娇羞的笑容浮现在那张红扑扑的脸上。要知道，张胜兰是曾被医生宣布只能活 3 个月的人。她和闫志国以爱情作动力，创造了一个又一个生命的奇迹！

有一天，志国又把胜兰好好打扮了一番，说："咱们没赶上照结婚照，今天就补拍一张吧。"

十月的秋季，金灿灿的阳光洒在这对夫妻身上，快门"咔嚓"一声，留下了两张青春的笑脸。照片里，年轻的闫志国身着戎装站在胜兰身边，坐在轮椅上的胜兰微笑着。

走进闫志国的家，就会看到许多花卉。三居室的屋子里，一年四季花开不断，俨然一座雅致的小花园。在花丛中，还有用一棵岩松制成的盆景，岩松骨干劲挺，苍劲有力。这是他从部队营区后的山上专门为妻子移来的。他鼓励胜兰，要像松树一样，坚强不屈，不畏风吹雨打；他告诫自己，要学习松树的品格，做一个有毅力、高尚、无私的人。

这对不幸的夫妻幸福地生活着。随着经济的发展，人们的生活绚丽多姿，思想日益多元化，新思潮、新观念不断涌现。像闫志国、张胜兰这样坚守传统爱情观的人，越来越稀缺。有些青年人甚至认为闫志国的行为不可理喻。他身边的朋友、同事，也时而摇头叹息。这些年不断有热心人、好心人关注他们的生活，最初的赞美慢慢地转变成了对闫志国的同情，甚至规劝。

男儿的优秀品质，在于操守。闫志国听到这些，总是笑笑不吱声。他的出色和优秀，对残妻的不弃不离，也吸引了众多爱慕者。甚至有不少女青年允诺和他结婚后一起照顾胜兰。对此，闫志国都一一拒绝了，他坚守着自己的价值观和爱情观。

这些年来，他一直满怀希望地鼓励胜兰生活下去，他坚信日新月异的医学科技会挽救妻子，使她重新获得第二个青春。多少个夜晚，他梦见妻子站起来了，手捧着鲜花朝他的怀抱跑来；他梦见自己有了儿子，胖乎乎的，聪明活泼；他梦见飞行归来，妻子用一双纤嫩的手为他掸落一路风尘。然而一觉醒来，他看到的却是日复一日、年复一年，没有任何变化的严酷现实，徒留几丝遗憾，几丝惆怅。

他不是神，无力改变残酷的现实，也无法妙手回春。但他也是一个有血有肉、普普通通、需要情感的男人。不得不承认，他健康强壮的躯体里，也躁动着欲望和对异性的需求。而这一切既是命运的安排，又是自己心灵的选择！

闫志国的感情世界，如大海的波涛，有起有伏，有高潮也有低潮。他依稀记得，有一段时间，他仍旧如从前一样照料胜兰。不同的是，他不再像往常那样，没事时就坐在她床前讲部队的训练，讲社会上的新闻，给她读小说报纸了，而是默默地待在客厅里，没完没了地自己翻看报纸，常常连报上的“寻人启事”也不放过；晚饭后就看电视，不到“再见”不休息。

那年中秋节，胜兰让保姆推着上街去买月饼，志国拎着包跟在她轮椅旁。节日前的王府井大街，车流人流熙熙攘攘，一派繁华景象。胜兰好长时间没上街了，看什么都是那么新鲜，话也多了起来，不时向志国问这问那，显得格外兴奋。可是，问着问着，忽然听不见回答了，她扭头一看，志国不知到哪儿去了。胜兰着急了，左等右等，好一阵子，志国才慢腾腾地跟了上来。“你怎么落在后面了？这么半天才跟上来？”胜兰小声问。

“人多，走丢了。”志国红着脸答道。

“你骗我……”胜兰的眼泪夺眶而出，忍不住轻声啜泣起来。她敏感地意识到，也许丈夫是怕遇见熟人，不好意思而走开了。此时，越来越多的路人，把好奇的目光投向了他们。胜兰抹了抹眼泪对保姆说：“我不转了，回家去吧。”轮椅掉转头，缓缓地朝家走着。志国像做错了事的孩子，垂头跟在一旁。

回到家，闫志国坐在客厅沙发上直挠头。他后悔因自己的疏忽伤害了妻子的自尊心。他陷入深深的自责，既然当初选择了这条路，就应当理直气壮地走下去。多年来，胜兰并没有因伤残而拖自己的后腿，而是克服了巨大的生活困难，全力支持自己安心飞行，鼓励自己在事业上有所建树。自己怎能意志不坚定，听信社会上一些人的耳边风，动摇了自己坚持多年的人生理念？

晚上，经过深思熟虑的志国决定坦诚心迹，他坐在胜兰床前，一边喂她吃西瓜，一边对她轻言细语："胜兰，请原谅！今天是我不好，伤了你的心。以后再也不会发生类似的事情了，我保证！"

见丈夫的态度如此诚恳，胜兰动情地说："别说了，我也不对，平时对你关心不够，以后我要多做点力所能及的事，不让你分心，不做你的包袱，而要成为你的一只翅膀。"

几天后，他们又出现在王府井大街上。不同的是，这次少了位保姆。闫志国一个人推着妻子边走边说，轻快的笑语不时招来游人羡慕的目光。忠贞的爱情，再一次战胜了世俗的诱惑。秋去冬来，生活给这对夫妻带来无尽烦恼的同时，也给了他们战胜"余震"的信心和勇气，夫妻俩携手创造的精彩给无数健康人带来震撼和感动！

令人遗憾的是，虽殚精竭虑，但医学发展的藩篱和落后，没有办法满足人们渴求幸福生活的一切愿望。闫志国、张胜兰逐渐明白了这一点。

遗憾之后，还是应该直面惨淡的人生，直面永远没法站立起来的现实。然而，毋庸讳言，胜兰的精神和灵魂却始终站立不倒，他们对爱的执着和付出，是她生活下去的精神支柱。她也想着如何回报丈夫的这份恩情，才能不辜负这一往情深。她全力对他表达自己的爱，同时也拼命想表明自己作为一名社会成员的存在价值。

严酷的现实就摆在胜兰面前，颈部以下简直就不属于她，而且心率过缓，不适宜保持正常的活动量，而不保持一定的活动量，又会引起种种后果……谁甘心仅仅为活着而延缓生命？胜兰总在思索：我大脑是健全的，我应该为社会做点什么呢？震后有许多媒体采访过她，报道他俩的故事，可是她总觉得记者们似乎带着主观或者不自觉的揣测在观察、描述他们的生活，总是让她感觉有什么"不对"或者"遗憾"。她的思绪不时回忆自己所走过的人生之路，捕捉那些最令她难忘的、激奋的瞬间，她想，如果能把自己最真实的生活和故事写出来，像《把一切献给党》的吴运铎，像《钢铁是怎样炼成的》奥斯特洛夫斯基，那该多好？胜兰把这个近乎“疯狂”的念头告诉了当时的《空军报》社长金为华，得到了社长的赞赏与大力支持。

由此，张胜兰开始如饥似渴地阅读各种书籍，积累资料。凡有书市，她必前往，返回时轮椅上总是堆得满满的书籍。此外，她还积极与外界广泛联系，让亲朋好友帮她买书、借书。古今中外的种种书籍，她读了一卷又一卷，不知不觉词汇、名句就摘记了几十万字。

创作中，她遇到重重困难。当需要某种描写、刻画，却不能身临其境、亲身体验时，往往无从下笔，而闫志国成为了她的得力助手。他给她讲发生在飞行员中的故事，推着她去看外面的世界，当她的“第一读者”，帮助她修改草稿。

有志者，事竟成。终于，1987年第一期《中国空军》杂志，开始连载胜兰以蓝星为笔名创作的长篇小说《忧愁河》。其反响之巨大，至今仍让许多读者记忆犹新，飞行员、干部、战士、家属们一期一期地等待着、争相传阅着。这部小说里，男主人公的原型就是闫志国，女主人公的原型就是张胜兰自己。

一晃几年又过去了，《忧愁河》成了志国和胜兰另一种意义上的“孩子”，这是他们爱的结晶。1991年连载结束，半年后小说出版。好长一段时间内，张胜兰每天都接到几十封来自全国各地的读者来信。有表示敬佩的、有慰问关怀的、有贡献偏方的、有倾诉心声的，也有人怀疑其真实性。河南一位名叫李文的女孩就几次来信来电质问她《忧愁河》掺了多少水分，编了多少故事，甚至强烈要求到他们家住三天，亲眼见证故事是不是杜撰，细节真实不真实。无奈之下，他们向女孩发出邀请。“五一节”假期时，女孩亲眼看到了闫志国是怎么对待、服侍妻子张胜兰的，她流着泪折服了。感动之余，女孩甚至还请他俩给她介绍一个飞行员做丈夫。因为她觉得，只有军人尤其是品格坚毅的飞行员，才有这样真挚专一的爱情和不离不弃的责任感。而闫志国，就是这样一位飞行员。轮椅、战机、驾驶座舱，自唐山大地震那年起，闫志国犹如一架战机，左翼是家庭、爱妻、张胜兰，右翼是祖国、人民、事业。

四、41 个春秋，书写夫妻情感的大爱

志国无私照顾胜兰，胜兰也竭尽全力支持志国。比起寻常夫妻，他们更加重视情感交流，并且多以书信方式进行。他们一直保持通信，互诉衷肠——每年彼此的生日祝福，重大节日、纪念日的感想，游览祖国大好河山的随笔，对双方成绩的鼓励，夫妻间枕边的柔情蜜语，漫漫 41 年，他们夫妻俩写了 400 多封信，这是世界上最动人的情书。读过这些信的人都羡慕这对夫妻，字里行间流露出的纯真爱意令许多人动容。

言为心声，信是爱的表达。对于普通人来说，写信是提笔之力、举手之劳。但对于高位截瘫的胜兰却不同，她的手不听使唤，经过坚持不懈的治疗，才勉强能小范围活动。写字时，她先要让人帮忙把笔绑在右手的虎口上，然后需要两臂合力，一笔一画状如刀刻般地运动……

一封信写下来，她常累得气喘吁吁，满头大汗。就是凭着这样的身体，面对着这样的艰难，胜兰不仅完成了她的长篇小说，还竭力支持丈夫闫志国做好空军战斗机首批改装工作。

那年，空军将当时最新式的歼 8 战斗机改装任务交给闫志国所在部队，胜兰坚决支持丈夫参加首批改装。1983 年 5 月，34 岁的闫志国被提升为飞行团长。胜兰心里既高兴，又担心。高兴的是，他虽家庭不幸却能坚持为事业而奋斗，不断进步；担心的是，他还年轻，会不会挑不好大梁，耽误国家大事。

一连十几天，张胜兰让保姆推着她到图书馆翻阅大量书刊，摘录汇集了一份资料——《担当重任应具备的素质》，并写了一封长信给志国寄去，信中鼓励丈夫："清清楚楚看昨天，扎扎实实抓今天，高高兴兴看明天。向昨天要经验，向今天要成果，向明天要动力。"

这些书信、警句，不仅对志国，对所有执着追求的人都是一种震

撼！志国凝视着那一个个歪歪扭扭又饱含深情的字迹，一股热流涌上心头。他当即提笔写道：

亲爱的胜兰，你对我事业的理解和支持，是对我最真切的爱。今天我比以往任何时候都激动，因为我深切地体会到，你是我追求事业的动力，你的坚强、你的热情、你的聪颖、你对我的鼓励是任何东西无法比拟的。说到夫妻生活，我并不感到寂寞，夫妻相爱的方式是多种多样的，你以你特有的方式，使我感到幸福和满足，我甚至感到，我从你那里获得了一种更高层次的爱。如果说这种感受几年前还是朦朦胧胧的话，那么今天已更清晰。

志国

1983 年 7 月 10 日

在这些字句里，我们可以感受到受党教育多年的一名优秀军人的人生观、道德观、社会伦理观，还有那种积极、向上、正面、乐观的气息，芳香浓烈，扑面而来。这些认真、执着、奋进的语言，在时代背景下，丝毫不显得做作，反而彰显着人间的真善美。它承载着真实的精神诉求，承载着纯洁的思想，承载着那个时代所具有的崇高信念。

时隔数十年，今日读来，更加令人感慨、动容！年轮转换，岁月更替，更涤显出这精神财富的宝贵。据资料统计，唐山大地震造成 3 817 名像张胜兰一样的高位截瘫者。在这群人身后，有着同样数量的家庭以及照料他们的亲人。

张胜兰曾说，丈夫闫志国是自己的“无价之宝”，“我生活下去的‘精气神’，我的后半生，都是志国给我的”。这话丝毫不夸张。每逢阳光明媚的节假日，闫志国都会和家人一起推着张胜兰去公园晒太阳。

张胜兰的小说出版后，闫志国带着她去保定，参加《忧愁河》的签字赠书会；在京郊，闫志国与家人抬着妻子上过长城、爬过山、下过清东陵的地下宫殿；后来，他还带着妻子去上海、青岛等地旅游，所到之处都留下了他们的合影。

在闫志国家数十本厚厚的相册里，笔者看到了他们日常生活的缩影。有去各地旅游时在景区的留影，有过生日时在蛋糕前拍的照片，有闫治国给妻子喂饭的照片，还有他们与友人在家聚餐时的合影，每一张照片里，闫志国都平静真诚地看着镜头，张胜兰则面色红润、笑语嫣然。另外，还有很多风景照。张胜兰的妹妹说："我姐姐没去过的地方，我姐夫就自己拍下来，洗出照片给我姐姐看。"张胜兰有空军情节，有几次国庆大阅兵，闫志国还拍摄了各种战机的精彩画面给妻子看。

2016 年 5 月，张胜兰病情恶化。多年高位截瘫，她身上已有 20 多种并发症，每一种病恶化都可能带走她的生命。入院后张胜兰直接住进了 ICU 病房，每天由护士护理。离开了丈夫的张胜兰极不适应，再加上护理不周，身上很快得了褥疮。闫志国看在眼里，急在心上，他找到护士，坚持自己进病房护理妻子。由于张胜兰住的是单人间，医院破例让闫志国每天进去半小时陪伴妻子。

治疗后期的张胜兰，饮食饮水被严格控制。由于身体机能弱化，不能自行调节体温，她常常感到燥热难耐。闫志国就在冰箱里冻了很多小冰块，每天晚上离开病房时给妻子含一块。"其实医生不让吃，但胜兰热得实在是受罪，她总求着我给她一块冰，我把冰块放在她嘴里，她高兴的样子就像孩子一样。"说到这里，闫志国低下头擦着眼泪，许久不能平静。过了一会儿，他哽咽着说，"早知道她要离开，就应该多让她吃几口，也不至于受那么多罪。"

住院一年半以后，张胜兰于 2017 年 10 月无怨无悔地离开了陪伴自己 41 年的丈夫闫志国。病房里，闫志国最后一次为妻子洗脸、清洁口腔，就像 41 年里他每天做的那样。按照妻子的遗嘱，他为张胜兰换上了军装，再穿上自己亲自为她买的外套、鞋袜，送爱美的妻子体面地走完最后一程。

谈起人生遗憾，闫志国说："她想去的我都尽量满足，就是顺义的鲜花港没有去，胜兰说了好多次，每次不是天气不行，就是身体不行，这是我这辈子最大的遗憾。"

习近平总书记说过，"国无德不兴，人无德不立"。闫志国和张胜兰的故事，如果浓缩成一首歌，便是那首百听不厌的《最浪漫的事》：“……我能想到最浪漫的事，就是和你一起慢慢变老，直到我们老得哪儿也去不了，你还依然把我当成手心里的宝。”

闫志国照顾高位截瘫的妻子，将近15 000个日夜。陪伴是新婚时的甜蜜，是地震后的悲恸，是入院治疗时的揪心，是工作中的牵挂，是对妻子写作的支持，是为她做饭的忙碌，是日复一日悉心照料中的担当。他没有说过一个“爱”字，却谱写了最朴实又最动人的爱情。

这种善良、正义的道德象征，对其他社会成员产生着不可估量的作用。在河北邢台、唐山、汶川历次大地震中，使中华民族凝聚一心的，不仅是同胞之情，不仅是人道主义精神，更是一张张动人的照片、一个个感人的故事。这些故事不仅催人泪下，也使人奋发，使举国震动、群情激昂，前所未有的志愿者洪流因此而汇聚，升华成不可估量的中国力量，共同编织了人间大爱。

震后唐山的特殊家庭里，甚至有三个孤独人的组合，这些特例家庭没有被人们指责。在保障基本生存前，不容任何轻浮的置喙。在他人的苦楚中，我们不应该是、也不能是隔岸观火的“看客”。

闫志国无疑是坚强的，他在妻子需要他的关键时刻，选择留下，选择肩负重担，是响当当的男子汉。当然，就单个个体而言，闫志国也是脆弱的。他有过挣扎，但在脆弱的徘徊中，他凝练出更强大、更高尚的品质，选择负重前行。这副担子，他愿意担一辈子。

在闫志国的家中，笔者见到了张胜兰的遗像。张胜兰是幸福的，她赶上了一个伟大的时代！张胜兰是幸运的，她是新中国的建设者、记录者和见证者！张胜兰是满足的，她赢得了这片土地、这个伟大民族哺育的优秀男儿的爱情！

在笔者再三追问闫志国与张胜兰艰难中仍能坚守爱情的源泉时，他不紧不慢地开口道：“我和胜兰是在大地震中死过一回的人。那一刻眨眼间唐山死伤40多万人，我没有死，我后面的日子就是赚来的。胜兰受了伤，我没受伤，我不但比死了的人幸运，我比胜兰也幸运。你说，在我死里逃生的余下日子里，对胜兰除了爱，我还能怎么样呢？”答案自在其中。停了片刻，志国似乎怕笔者误会他的解释显得无奈、悲观，又微笑着，缓慢而平静地说：“其实，不用讲什么大道理，只要换个位置想想，要是我瘫痪在轮椅上，胜兰会扔下我吗？”

换位思考，这就是中国人最淳朴的道德源泉，其他什么话语都显得多余了。此刻，房间里仿佛有一种深沉甚至神圣的静默。笔者的心暗自加速跳动，被这最朴实、最简单，但却最真挚、最善良的话语深深打动。若不是亲眼所见，我也难以相信这个“在地愿为连理枝”的传奇。

笔者曾猜想，再跨过若干年的岁月洗礼，在智能化不断逼近的将来，人类的爱情故事会不会褪色或者蜕变呢？此时此刻，笔者心中已有了答案。人之所以为万物之灵，是因为人是有思想的。闫志国、张胜兰是有思想的人，他们虽然是不幸的，但更是幸运的。他们用爱书写下现代版的生死恋，演绎了一场轰轰烈烈的人间大爱！笔者相信，时代在变，但爱不变。

我们祈盼唐山、汶川地震中，以及一切自然灾害的幸存者中，有更多像闫志国和张胜兰那样的模范夫妻！更祈盼人类能早日战胜自然灾害，远离灾祸！

耄耋人生：没有句号的追求

——记民间节水“发明家” 金九皋

刘俊杰

人物简介：

金九皋，男，1941年生，北京京伦饭店退休工程师。退休后开始研究马桶节水装置，他发明的享有国家知识产权的“久节”马桶节水器，一年可为三口之家节水约70吨。他身先士卒带领节水志愿者，不怕脏和累，甚至别人的误解，为居民免费改装马桶。如今，朝阳区近万户家庭已采用了此项发明，年节水量60多万吨，节约费用200多万元。十多年来，他的足迹遍及全国数个省市，培训了上万名节水志愿者。纵然斯人已逝，他的精神却将永存。

一、老骥伏枥，潜心研究搞发明

熟悉耄耋老人金九皋的人都知道，退休前他是一位电子工程师，更是一个喜欢动脑、善于琢磨的人。他这一生风风雨雨走过来，虽说坎坎坷坷，却从未泯灭不断追求、积极向上的人生志向，不论在顺境还是逆境，他都注意观察生活，热心助人，还研究出多项小发明、小创造。

退休前，金九皋一直潜心钻研通信设备方面的多项革新技术，并被广泛应用，其中两项成果被上海520厂应用在生产线上。2001年，金九皋从工作岗位上光荣退休，但他钻研技术、搞发明的热情没有退，只是转变了发明的领域，由厂里到家里，从工作领域转到了生活领域。

1966年，他因参加“四清”运动，到过河北省滦平县，那是个缺水的干旱山区，春夏间地里因缺水不长庄稼，人们常年惜水如金。他在那里生活了一年，对那里既缺水又贫困落后、环境恶劣的状况深有感触。

众所周知，北京是个水资源极度匮乏的城市。但是，金九皋发现人们的节水意识淡薄，无形中造成了大量水资源的浪费。对此，他深感痛心，并下决心研究一项节约水资源的发明。经过苦思冥想，不断观察日常生活，他将目光集中到了自家的“用水大户”——抽水马桶上。他不顾年迈，查阅了大量资料，弄清了抽水马桶的工作原理和结构特点，又到建材市场观摩实物，调查马桶的种类及结构差异。为便于研究比较，他购买了几种不同结构类型的水箱和配件，在家中潜心研究、反复试验、解剖器件、论证不同方案，不断摸索研究、试验后，画出一张张图纸，积极请教他人，再试验，改进。

为了接近使用实际，他将马桶架设在角铁支架上，更改排污管的长度，模拟虹吸式马桶的工作原理，用酱油等深色液体和纸团、黄瓜段等固体模拟不同污物以试验冲净效果。为了试验，他几乎到了废寝忘食、痴迷狂热的地步，甚至经常在走路、睡觉时都在想着这件事，只要想到一个新点子就马上记下来，有时半夜会从床上爬起来画出自己的新构想。

功夫不负有心人，经过一年多的潜心钻研，他终于研制成功了控制水箱出水口塞子提起角度的装置，将提起角度从原来的80度降到约45度，这样就可根据污物的多少，随意自如地控制马桶的冲水量，以达到节水的目的。经过如此改装，抽水马桶的用水量约是原来的20%，可节约用水80%。这项发明创造，对于用水专家、材料学者和专业工匠来说，都十分艰难，而对于文化水平不高、已经退休的金九皋老人来说，其难度更是可想而知。

金九皋是一个闲不住的人，节水项目成功了，可他没有满足，而是把目光又放到了节水器具的推广上，又开始不辞辛苦地推广自己研制的节水器具。他拿出自己不多的退休金自购节水用材，免费向街坊四邻、亲戚朋友广泛宣传，义务改装了不同类型的马桶 30 多个。经过上百人的使用证实，此项发明不但稳定可靠、简单易行，而且实用性强，改装后节水效果明显。这个每户投资不到 2 角钱，用 2 分钟时间改装的节水水箱，人均月节水量约 2 吨，在水资源极度匮乏的北京，其意义之重大不言而喻。

金九皋的节水小发明，成功地实现了小代价与大节能之间的转换。几年来，节水小发明为金九皋家里节省了近千吨水，按照目前北京居民用水第一阶梯的水价每吨 5 元来计算，已节省开支超过 5 000 元。但他并不满足于此，与北京严峻的缺水状况相比，他觉到这太微不足道了。他时常想："如若能将此项发明作为公益事业推广，让更多的老百姓都参与到节水的行动中来，不仅可以使老百姓受益，国家也能受益，还可以造福于后人，这不是两全其美的事吗？"

深思熟虑之后，金九皋来到了他所居住的朝阳区望京街道花家地西里三区居委会，把他的节水小发明详细地介绍给社区党委和居委会的同志们，并将他打算进一步推广的想法也告诉了他们。社区党委和居委会的领导十分重视，并全力支持，专门腾出一间屋子作为推广节水器具的培训基地。就这样，金九皋成了不拿工资的居委会工作人员，每天为来居委会办事的居民宣传、讲授他的节水小发明，并为愿意改装的居民提供免费上门服务。

2005 年 4 月，北京市、朝阳区和望京街道等各级领导，对金九皋的这项公益发明给予了高度重视，并多次组织节水宣传活动，培训志愿者上门安装。仅仅两年，望京街道已改装 1 000 多户，节水达 14 万多吨，节约资金几十万元。

在朝阳区政府、望京办事处、中国科协及 CCTV、BTV 等相关部门的安排下，金九皋冒酷暑、顶严寒，到社区、企事业单位、展览会参加节水宣讲活动70多场次，为1万余人进行了面对面、手把手的授课培训和操作演示；通过电话及书信的方式为京域内外30多人进行改装指导；为20多个上门求助者教授节水器安装方法，并赠送其材料；主动为公交车上的车友、出租车司机等讲解马桶节水改装方法。

如今，金九皋的节水发明已从望京街道推广到了朝阳区、北京市乃至外省市，其社会效益和经济效益已初步显现。朝阳区有近万户家庭已采用了此项发明，年节水量60多万吨，节约费用200多万元，相当于节约出一个小型水厂。金九皋在望京地区被誉为“节水大王”，成为家喻户晓的人物。他的节水发明也因此引起了广泛关注，CCTV、BTV等电视台，《北京日报》《北京晚报》《法制晚报》《北京科技报》等多家报纸和网络媒体先后对金九皋的发明和热心公益事业的事迹进行了报道。曾庆红、何鲁丽、刘淇等领导同志也曾前往参观。

曾庆红曾语重心长地说：“树立节约意识，建设节约文化，倡导节约文明，节约每一度电、每一滴水，都是从实际行动为建设节约型社会做贡献。我们每一个公民、每一个家庭都要从自身做起，从现在做起，从点滴做起，形成‘节约光荣、浪费可耻’的社会风尚。”刘淇也对小发明大节能给予了充分的肯定。

为了推广这一惠及百姓、造福后代、利国利民的小发明，朝阳区望京街道投资5万元专项资金，在花家地西里三区建立了集展示、讲座和服务于一体的“金九皋节水工作室”，旨在发挥党员先锋模范作用，以“金九皋节水工作室”为基地，以节水发明的党员和志愿者服务队为骨干，义务为居民提供改装抽水马桶的服务。花家地西里三区的500多户居民也因此率先用上了金九皋的节水发明。金九皋就是这样以实际行动，诠释着一个共产党员为人民服务的真谛，弘扬着“奉献友爱、互助进步”的志愿者精神，为社会的和谐奉献着自己的聪明才智。

党和国家没有忘记金九皋多年的热情奉献。2015年国际家庭日前夕，全国妇联于5月14日在人民大会堂举行全国“最美家庭”揭晓仪式。

全国妇联主席沈跃跃为100户全国“最美家庭”揭榜。北京市朝阳区的节水之家金九皋家庭荣登全国“最美家庭”光荣榜之一。金九皋家庭是唯一以发明节水器具、推广节水而入选的模范家庭。会议表彰词这样写道：“他不仅仅是一名社区党员，还是节水志愿者，也是‘久节’马桶节水器的发明者，他带领20余人的党员和志愿者节水队伍，不遗余力地推广这一惠及百姓、利国利民的小发明。‘金九皋节水工作室’以送意识、送技术、送服务、送和谐，不怕脏、不怕累、不怕非议、不取报酬的‘四送四不’为服务宗旨，全力推进节水工作。”

多年来，金九皋积极开展节水宣传和培训，足迹遍及多个省市，参加节水宣讲活动400多场次，培训节水志愿者近万人，为近4万人传授“节水经”。为了金九皋的节水事业，他的家人也一直用行动默默地支持着他，让他有更多的时间投入到节水发明的试验与研究中。2014年6月23日，中共中央宣传部在中国网络电视台向全社会公开发布10位“节约之星”的先进事迹，“节水大王”金九皋因发明节水器并义务传授“节水经”而荣膺全国“节约之星”称号。

二、志在千里，奉献余热造福社会

金九皋发明“久节”节水器的契机，是在2000年，当时他在报纸上看到一则消息：北京市人均水资源占有量不足300立方米，比人均500立方米的国际极度缺水标准还少。这则消息让老金深受触动，也因此下定决心必须想办法节约用水。

之后，金九皋先从自家的抽水马桶入手，在家里做起了节水试验。经过几百次的尝试，老金发现，控制水箱出水口塞子提起的角度，就能根据污物的多少控制马桶的冲水量，从而达到节水的目的。随后，他排除万难设计出5套模型，并且在不同型号的马桶中都试验成功了。

紧接着，老金开始推广自己的节水小发明，免费为街坊邻里做马桶节水改造。经过节水改装，平均每人每月能节水约2吨，老金的发明因此受到极大欢迎。2007 年，在望京街道的支持和帮助下，老金在社区成立了“金九皋节水工作室”，由 20 多名党员和志愿者组成了服务队，义务为社区及周边居民改装马桶。

2007 年 9 月，由发改委等中央 17 个部门联合发起的“节能减排全民行动”系列活动在人民大会堂启动，启动仪式上还专门介绍了金九皋的马桶节水小发明。令老金高兴的是，现在大家有了节水意识，慕名来找他加装节水器的人越来越多，他的小发明也从北京走向了青岛、上海等地。

薪火传承，一代更比一代强，在老金的影响下，他的小孙子金梦阳也积极参加节水志愿行动，掌握了节水本领。金九皋为自己的节水事业有了接班人而感到骄傲，推广起节水改造工作更加有劲儿。

日常生活中，金九皋和家人从自身做起、从点滴做起，并积极带动更多的人爱水、惜水、节水。荣获全国“节约之星”称号后，金九皋高兴之余更觉得自己责任重大，节约用水需要全社会共同参与，他表示，要继续推广节水器的使用，争取能研究新的节水设备。

金九皋被社会各界赞誉为民间节水“发明家”，十几年来，他坚持义务研制、推广“久节”节水器，把“全民节水、节能减排”作为一项公益事业来做。

随着媒体争相报道，老金的马桶节水器声名鹊起。挪威国家电视台格瑞芙女士得知消息后，不远万里来到北京，专程到老金家中制作节目，介绍给挪威市民大众。“一位普通市民，能发明这样有效的节水方法，真是令人佩服。”格瑞芙女士说。此前，还有一家京外企业，未曾谋面，就在电话中表示愿出高价买下节水器专利，被老金断然拒绝。他认为自己做这些只是在做公益，也希望能让更多的人参与到节水行动中来。他说：“我的发明不为个人名利，只为一颗公益之心和节水之路。”

金九皋与他的节水器，有着不解之缘，1962 年，金九皋毕业后被分配到国防科委、电子部第十二研究所工作。作为工程师的他，在通信设备的革新和发明上多有建树。1984 年年初，金九皋被调到北京京伦饭店担任技术部门主管。1996 年，金九皋被确诊为癌症，闯过生死关后，他更加坚定了做好事的信念。2001 年，面对北京水资源匮乏现状，退休后的金九皋思考，抽水马桶占到家庭用水量的一半，节水潜力很大。他花 4 000 余元买了 3 个大抽水马桶、配件和相关书籍，在家中潜心研究、反复试验论证，终于设计出一种抽水马桶节水小装置。为了配套各型马桶，金九皋又多次到建材市场考察并反复研究，还自制了 5 套模型，在不同的马桶中试用。经过一年多的努力，“久节”节水器终于研制成功。“马桶水箱不用做改动，只需几分钟，将这个‘节水器’安装在水箱中，一个三口之家，每年可节水约 70 吨。”金九皋说。

2001—2004 年，老金向街坊四邻、亲戚朋友义务宣传马桶节水器，并上门为几十户居民义务安装。2005 年 4 月，金九皋将马桶节水器作为公益事业，向花家地西里三区居委会推荐。之后，他的节水器受到各级领导的高度重视。

2007 年 5 月 16 日，望京街道成立“金九皋节水工作室”，开展各项推广马桶节水器的活动。一批社区党员和志愿者加入工作室，为居民义务改装马桶。

2007 年，金九皋的“久节”节水器获得国家实用新型专利。

金九皋的义举，离不开爱人金细珍的支持。老金入户安装节水器，常常弄湿弄脏衣服，回家后，金细珍一次次清洗，从无怨言；老金的节水事迹受到国内外媒体关注后，上门采访的媒体很多，金细珍就配合老金收拾好屋子，摆放好节水器，以备展示用。

老金的儿女也长期支持他的公益事业。2011 年，老金的孙子金梦阳荣获“北京市十佳节水少年”；2012 年，金梦阳的《节水创意》夺得第二届朝阳区小学生创新学习成果金奖；之后，在老金的指导下，金梦阳开始致力于“净水机废水再利用”的实验研究。

金九皋热情待人，他就像一团火，走到哪里，便把温暖带到哪里，街坊邻居都很喜欢他的发明，社区居民听起他的发明故事，也是津津有味。其实，为推广节水器，金九皋尝遍了苦辣酸甜。不仅要顶着卫生间的脏和味儿，不怕衣服搞脏搞湿，还要顶着莫名的精神压力。有人以为老金在推销产品，使其受尽白眼；有人以为老金在维修厕所，使其受尽嘲笑；有人以为老金自我炒作，使其受尽非议；还有人认为老金所作所为都是理所应当的……有一次，老金去一家安装节水器，住户没告诉他水箱中有消毒液，就像往常一样，他挽起袖子，就把手伸进了水箱……老金回忆说，“第二天，我的整个小臂全肿了，起了很多小红疹子。”

为了让马桶节水器能惠及更多居民，金九皋不顾曾患过癌症的身体，有求必应地义务为居民服务。他曾笑着说：“个人受点损失，但能为国家节约资源，让百姓得到实惠，其他的就都不论了。”

“虽然很多地方请我去参加节水活动和讲座，但真正能够落到实处的不多。新疆哈密市的一位局长，曾亲自到居民家安装节水器，深入第一线，让我十分感动。”金九皋说。

多年来，金九皋及团队走东家串西家，下社区到单位，进学校上展会，应邀参加了 11 次大型博展会、400 多场节水活动，培训了万余名节水志愿者，为数万人传授节水经验，足迹遍及海南、新疆、山东、河北等地。

精诚所至，金石为开。在金九皋老人的带动下，节约用水行动得到了社会各界的支持。朝阳区花家地西里三区多次举办“久节”节水器推广活动，许多居民代表现身说法，介绍了宣传推广节水器的经验做法。2015 年 3 月，在“学榜样 我行动”活动中，金九皋不顾体弱多病，抱病向十里堡北里小区的居民现场展示了节水器的使用方法和设计理念。活动中，主办单位领导、北京水务专家、节水志愿者及社区居民代表、首都各大媒体记者等一百余人进行了现场观摩。根据金九皋的介绍，“久节”节水器的安装非常便捷，而这样看似简单的一个小小节水器，安装成功后就可以极大地节省用水量。如此省心便捷的发明，吸引了很多居民的目光，有的居民表示很神奇，水务专家也为老金的发明点赞。

据出席当天活动的水务专家、北京市水务局节约用水办公室主任刘春明介绍，北京是特大型缺水城市，南水北调中线工程正式运行后，北京市人均水资源占有量依然仅为150立方米左右，不能根本改变北京缺水的局面。北京市水资源供需矛盾依然突出，节约用水将是北京永恒的主题。这就要求我们由强调水资源开源节流并重向全面落实“节水优先”理念转变，要在更高的起点上推进节水型社会建设，坚持“向观念要水、向机制要水、向科技要水”，提高全民节水意识，积极营造人人节水、处处节水、时时节水的良好氛围，使节约用水成为每个家庭、每个公民的自觉行动。

为了鼓励广大市民积极投入节约用水行列，在活动现场，主办单位还向朝阳区部分老旧社区代表赠送了一批节水器。金九皋带领节水志愿者们一起走家串户，为十里堡北里小区的居民安装节水器，并耐心讲解安装和节水技巧，增强居民的节水意识。

有辛勤的耕耘，才有丰硕的收获，在金九皋多年奉献，努力推广节水改造工作后，人们没有忘记他的功劳。金九皋先后荣获2005年度节约用水先进个人、2006年度“感动朝阳”十大新闻人物、2007年度优秀共产党员、2007年度朝阳区“绿色家庭”、全国五好文明家庭标兵、“2014北京榜样”、第五届全国道德模范提名奖等荣誉称号。

三、斯人已逝，丰碑永存

又是一年花开花落，又是一年春去夏来。处暑闷热难当之际，笔者准备采访耄耋老人金九皋，当拨通首都精神文明建设委员会办公室提供的老人电话时，电话那头沉默许久，才沉痛告知：不久前老人已驾鹤仙逝。闻此噩耗，笔者除去连声安慰之外，大脑一片空白，其他的话语一句也说不出来。斯人已逝，丰碑永存！在此，笔者采撷了望京街道花家地西里三区社区党委书记郭爽在一次表彰会上的发言，以此怀念未曾谋面的被采访者——金九皋。

金九皋老师是北京人的榜样，更是我们望京街道花家地西里三区的骄傲。他发明的“久节”马桶节水器虽然看起来不起眼，却是“小身材大作用”。这样一个利国利民的发明项目只有通过推广让大家受益，才算真正发挥了它的作用。

我们社区是老旧小区，家中安装大容量马桶的居民不在少数，有了这个小装置，既能为国家节约水资源，更能让居民得实惠。因此，当金老师找到社区的时候，社区负责人与他一拍即合，欣然同意在社区内进行推广，并且在望京街道办事处的扶持下，成立了“金九皋节水工作室”。

社区在办公面积紧张的情况下，特地分出一间办公室给金老师作为节水工作室使用，除了配备基本的办公设施外，还配备了电视机、DVD机，将节水成果刻录成光盘向居民播放，此外还定制了节水展示柜、展示台，便于居民直观了解。社区还指派党委副书记兼任节水工作室的工作人员，帮助金老师处理日常事务、接待来电来访等。

节水工作室成立之初，一方面当时的技术还不是很成熟，在使用的过程中还存在有待提高的地方。金老师不断地进行工艺改进和提高，直到最后形成模具，做出成品，这个过程我们看在眼里，记在心中。我们虽然不懂得其中的技术、原理，但十分敬重这位老人为公益事业奉献的精神。我们始终对金老师的工作提供大力支持，几年来积极协调各方提供了研发和推广经费共10余万元。

另一方面，好酒也怕巷子深，对节水器的宣传推广更是迫在眉睫的任务。为此社区成立了有100多人参与的3支节水志愿者队伍，分别是以社区党委为龙头的党员节水志愿者队伍、以社区妇联牵头的巾帼节水志愿者队伍和以在校学生为主体的青少年节水志愿者队伍。我们分批对各支队伍进行培训，掌握了节水方法的志愿者再到居民家中，免费提供改装马桶的服务。这些志愿者积极主动上门服务，逢人便问“改装节水马桶您登记吗?”有时不等你提出需求就入户宣传、安装。

在社区的支持下，这些志愿者以“四送四不”为服务宗旨，除了在本社区进行推广，还在望京的其他11个老旧小区进行志愿服务。8年来社区志愿者共为望京1 961户居民安装了节水器，根据每户年均节水70吨测算，年节水量可达到13.7万吨。其中仅花西三社区的561户改装户，8年来累计节水就有近31万吨。

一个小小的节水器，它节约的水量是有限的，但是它传达的节水意识是无限的，作为社区，我们更希望将节水理念推广到更广阔的人群中去。我们将金老师的节水器作为社区品牌，不但在社区内宣传，还通过街道、区、市各级的活动进行宣传，多年来组织或参加过迎奥运科技节水现场会、节水大讲堂、城市节水宣传周、推广“久节”马桶节水器培训会、街道公益汇等各类活动。

水为万物之源，节约用水是每个公民的义务，社区将继续利用好节水工作室这个平台，进一步宣传节水意识和环保意识，努力创建生态文明的优美社区！

花开心田的播绿者

——记治理盐碱荒漠的“锹王” 廖理纯

罗 英

人物简介：

廖理纯，男，1965年生，环保公益人士。他24岁掌管联想集团广州分公司，27岁创办自己的企业，39岁时企业年销售额达数亿元。2005年起，他从公司管理中脱身，投身公益事业，参与沙漠植树。2011年起，为了固沙防尘、治理雾霾，他自筹资金，在内蒙古和河北等地组织建立了多个绿化基地；他身体力行，多年来累计带领9 000余名志愿者植树百万余棵，为北京蓝天种下了绿色防护带。从一名成功的企业家，转身成为环保公益事业的急先锋，他是“绿水青山就是金山银山”理念的践行者，被无数志愿者称为带头植树的“锹王”。

一、“锹王”与荒漠植绿的不解情缘

有人不解：一名学者何以有着“锹王”的雅号？一名政协委员，何以有着这一与其身份风马牛不相及的称呼？怀着好奇，笔者走进了廖理纯的住处。这里给人印象最深的，是满目的图书和桌案上凌乱的报纸杂志。

眼下，随着人们生活观念的转变，一些有了经济基础的都市“闲者”崇尚“候鸟”式生活。北方的选择冬季南飞，去享受南国的旖旎风光和宜人气候，夏季北飞到四季分明的地区，享受北国的凉爽和惬意。南方的则方向相反。廖理纯也是“候鸟”，春、夏、秋三季，他千里跋涉，到“三北”地区的沙漠去植树，绿化人类已被沙化的家园，抗击荒漠化对人类的威胁；冬季则回到北京，冰雪严寒的季节猫在屋子里写书。对此，他形象地比喻说：“人的一辈子，就像一本台历，假设能活 100 岁，一天一张，才 36 500 张，活一天就撕去一张，而大多数人活不到 100 岁。也就是说，人生没有那么多的时间让你浪费。如果不能一天干两天的事，或者白白浪费，就是人生最大的遗憾。我希望自己的人生，能将一天的台历撕出两天或三天的效果，因为时间太紧迫了。一寸光阴一寸金，寸金难买寸光阴，时不我待！”

谈起自己的人生追求时，廖理纯深邃的眼神望向了窗外。“写书搞研究，是我的第一志愿，而我投入精力最大的是植树绿化，改造沙漠，抗击沙漠化对人类生存环境的侵袭。”2019 年 3 月 23 日，一个被倒春寒侵袭的下午，冒着七八级刺骨的北风，笔者走进了廖理纯位于圆明园遗址公园附近的居所，见到了这位身量不高，却彰显着男子汉魅力的“北京榜样”。

“‘鸿雁天空上，对对排成行，江水长，秋草黄，草原上琴声忧伤……’，这首具有蒙古族短长调风格的《鸿雁》，不仅唱出了草原的辽阔，还唱出了人们对草原的眷恋之情。”留着寸发，国字脸，身着黑色上衣的廖理纯，得知笔者前来采访的主旨后，神色凝重庄严，目光中充满遐想，“然而，现实生活是严酷的。空气污染，雾霾天气增多，水污染，大气环境恶化，更为棘手的是世界荒漠化的形势日趋严峻。中国是重灾区，北京受危害的程度更为严重。我们每个人都不能独善其身。怎样改变这种威胁人类生存的状况，拯救我们赖以生存的地球家园，不仅是政府，也是我们每个人的心愿。”

廖理纯打开了话匣子，谈到他率领志愿者植树的浑善达克沙地，更是滔滔不绝：“那里的生存环境十分恶劣，不仅千百年来是不毛之地，还有扩散恶化的趋势，是我国十大沙漠沙地之一。而且距离北京直线距离仅 180 千米，是距离北京最近的沙源之一，直接对千年古都北京构成威胁。环境专家研究后，得出结论：北京 85%的沙尘暴来自这个方向，如果能够将这个地方的南沿治理好，飘带般的绿洲将阻挡来自北京北面的沙尘。为了实现治沙防暴这一宏伟愿望，2011 年 5 月 21 日，由我带队的首批绿化志愿者，奔赴浑善达克沙地，开始了第一绿化基地的建设。2013 年，我又带队建立了位于内蒙古高原的张北县第二绿化基地。2017 年，位于内蒙古正蓝旗乌和尔沁敖包林场的第三个绿化基地也正式启用。7 年多的时间里，我和我带领的志愿者们自己动手，在沙漠建立了隔离牛羊的围栏，解决了灌溉用水的问题，尝试种植耐寒耐旱的赤峰杨、新疆杨、樟子松、油松、银杉、落叶松、文冠果等多类树种。目前，经过一批又一批志愿者多年的艰苦劳作，满目黄沙的沙漠已经初见绿色，志愿者基地已种植成活了 130 余万棵能够生长几百年的小树。”

如今，被称为“死亡之海”的沙漠，已经从寸草不生的沙地，变成了一片片绿地。生命的绿意映入人们眼球，改善了当地水土环境。按照计划，仅在第一基地栽植的 50 万棵松树，2 年内就可以达到 2 米的高度，按照每亩 25 棵计算，可以绿化约 20 000 亩的沙地。廖理纯做事执着，坚信万事开头难，只要努力，不懈耕耘，就会有希望，更会有硕果。

谈起此项植树绿化工程的艰苦，廖理纯感慨万千：“我们去的时候是三四月的初春，土地刚刚化冻，穿着羽绒服，回来的时候已经是深秋，穿的还是羽绒服。”那里地处沙漠，高寒缺水，住宿条件艰苦。开始时住民宿，夜里披着被子，还冻得打哆嗦，经常十天半月洗不上澡。现在条件好了，可以住在附近乡镇的旅馆。多年来，廖理纯倾其所有，把多年经商赚的钱全部用在了植树绿化这项公益事业上，在 3 个绿化基地总投资近 2 000 万元。资金大多用于绿化基地的基础设施建设、树苗购买、志愿者往返的租车费用、食宿费用等。这些费用中只有一小部分来自企业赞助，其余均来自他的个人积蓄。这些年，他的精力除了筹备资金外，大部分用在了绿化事业上。

每年的 4 月到 11 月，廖理纯都会带领他的志愿者队伍餐风露宿，脸朝黄沙，背晒烈日，挥锹挖树坑，搬运树苗，挑水灌溉。他们一个个黝黑的皮肤，都是长时间在沙漠基地种树的最好印证。

他和他的团队就是以这种战沙斗漠的豪迈气势，在忘我的劳动中度过了青春年华。

二、从董事长到“锹王”的绿色升华

“关舱门，起飞。”又是一个周末，廖理纯带着 38 位志愿者踏上征途，再一次开始了绿色远征，满载着志愿者的蓝色大巴车被他们亲切地称为“航班”。

来自各行各业且初次见面的同行志愿者，怎么也没想到活跃在他们眼前的领头雁廖理纯，竟然是这么一位翩翩有礼的学者，更没有想到这位领队是有着高学历、高收入的企业家。那么，他为什么会热衷于这样艰苦的公益事业？

翻阅廖理纯的人生台历，可以说他是顺风顺水的“幸运儿”。廖理纯出身于一个知识分子家庭，母亲毕业于清华大学，父亲毕业于华南工学院（现华南理工大学）。大学毕业后，他进入联想集团，24 岁就成为联想集团广州分公司总经理。少年得志的他 27 岁成立北京晨拓集团，几年后分公司遍布国内十几个城市，最高年销售额近 7 亿元。2005 年，一次意外的活动改变了廖理纯的人生轨迹：在朋友介绍下，他参加了主要由国际志愿者组织的在内蒙古鄂尔多斯市库布齐沙漠腹地的恩格贝植树活动。

那一年，在北京市人大组织的一次对内蒙古生态环境的考察中，廖理纯第一次来到位于内蒙古中部锡林郭勒草原南端的浑善达克沙地。

“早晨，浑善达克沙地刮起沙尘暴，中午沙尘就能吹到北京。”听到这些介绍，热心环保的廖理纯心里很不是滋味。可这次考察也让他看到了希望，在漫漫黄沙之中，自然生长着成片的树木，这些树龄已达几百年的蓝旗榆树，犹如一排排无畏的勇士，生长在高寒缺水的环境里，用它们顽强的生命力证明了这是一片适合树木生长的土地！自此，廖理纯找到了能实现自己人生价值的事业——把荒漠变成绿洲。

这片绿树参天、绿草成茵的美景，得益于从 1989 年开始，众多国际志愿者来到中国植树的创举。经过不到 20 年的时间，内蒙古库布齐沙漠中出现了恩格贝这片绿洲。

看到这一切，廖理纯若有所思。“国际友人都可以做到，为什么我们不可以？我们作为华夏儿女，应该做得比他们更出色。”经过几年的植树活动以后，为了进一步呼唤志愿者精神，2014 年，他毅然“弃商种树”，辞去董事长职务，担任北京走进崇高研究院副院长，全身心投入环保绿化事业。

2005—2010 年，库布齐沙漠一直是廖理纯进行绿化工作的主战场。从 2011 年创建浑善达克绿化基地开始，每年的 4 月至 11 月，他就像迁徙的“鸿雁”，和志愿者们唱着“我和草原有个约定”，开始了春去冬回的绿色长征。

浑善达克沙地环境恶劣，经常风卷黄沙，嘴巴刚一张，就会吃进满嘴沙子。每次到达基地，廖理纯给志愿者分配完任务后，就会挥起铁锹，身体力行，干在前面。他不顾劳累，建隔离围栏、松土、挖沟……带头参加绿化劳动。育种、幼苗杯栽、大苗移杯入坑，廖理纯时常挥汗如雨，累得腰酸腿疼，满手血泡。

2013 年年初，廖理纯转战新的战场，在浑善达克绿化基地的基础上，又建立了张北环保绿化基地。此基地建在盐碱地上，因为该区域的土地盐碱含量高，不能采用滴灌技术，他就精心安排灌水车每周浇水，每次浇水量根据气温、天气进行调节，以保证种植树苗的成活。从内蒙古鄂尔多斯市的恩格贝，到锡林郭勒盟的正蓝旗，再到河北省坝上张北县，原本就有老茧的双手，生生又磨出了新的水泡。

平锹、尖锹，挖坑时，廖理纯运用自如，快速铲土时运锹如飞，这个前半辈子从未正经刨过地的企业家，很快获得了一个接地气的外号——“锹王”。很多年轻的志愿者说：“我们自小在城里长大，大多数人没用过铁锹。廖院长却用锹如飞，铲土量是我们的两到三倍。”虽然，廖理纯挖土刨坑比不过专业栽树的工人，但比起城市里的小伙子、姑娘还是强得多。

实践出真知，这些绿化活动在带给他满手老茧的同时，也让他成为了一个育林治沙的生态修复专家。根据自己的治沙经验，他完成了人生中的第十本著作《对抗荒漠化——反省我们的生态观》，并于2016年元月正式出版，实现了人生境界的再一次升华。谈到植树绿化的作用，廖理纯更钟情于自己的“心灵植绿”理念。十几年的公益活动，开启了他关注人类生存环境，更关注当下人们心理变化的视野。他认为，构建人类命运共同体，不仅仅关系到经济层面的发展问题，更是人类社会面对未来，促进地球村共同发展的正确方向。

谈及此类话题，廖理纯感触极深：任何一个公益项目，仅有激情和想法并不够，还必须有实践、有创新、有超越，更应该有理论的建树。远赴千里到沙漠去植树，虽说是志愿行动，但也有一些必要的开支。报酬可以不要，但补充热量、必需的营养、交通、住宿、劳动用具都是必不可少的。因而对倡导者、组织者廖理纯来说，召集每一位志愿者，都是一笔不小的开销。去一趟内蒙古绿化基地，吃、住、行等费用人均500元，相当于雇用当地农民的4～5倍，劳动量却不足后者的1/4。即便如此，廖理纯还是坚持用这种高成本模式来治沙。

为了节省资金，他自己的生活非常简朴。一件洗得发白的衣服，一碗可以饱腹的面条，每每看见这些，志愿者们都感慨良多。“我请志愿者去是为了感受，是想让他们也变成种子，带动更多的人去种树。全中国有300万平方千米的荒漠化土地，全国人民每人每年只要种活一棵树，坚持60年，荒漠化土地就会消失。”植树的途中，廖理纯经常一边驾驶被称为“航班”的大巴，一边给志愿者们讲述先辈们无私奉献的故事。他希望通过号召志愿者亲自参与种树治沙的活动，使每一位参与种树的志愿者，都能感受到人类正面临着环境恶化的挑战，都能增加一份社会责任感和使命感，他希望能和众多志愿者们一起以志愿服务唤醒人们的志愿精神。

绿化心灵，这是廖理纯公益行为背后更深远的考量，他最想做的正是治疗人们心灵的荒漠化。在用行动践行崇高的同时，廖理纯更加注重对人类终极幸福的研究，他的第一本书《何以无所畏惧》，正是在他参加恩格贝志愿活动的 2005 年出版，从书中我们可以感受到他那份浓重的英雄情结。此后，他又相继出版了《强国之道》等 12 部著作。除此之外，廖理纯还先后多次到清华大学、北京大学、北京航空航天大学、对外经济贸易大学、中国传媒大学等 10 多所高校进行演讲，宣扬中华文化中的精华，倡导志愿精神，并将演讲的全部收入作为绿化活动经费。

一切良苦用心开始有了效果，随着志愿者人数的不断增多，社会上更多的力量开始认识并支持这一公益行为。每次的植树活动都会产生“化学反应”，让很多参与者开始反思人生，改变自我。在志愿者公益先遣团的帮助下，目前已有来自北京乃至全国的多家高等教育机构和企事业单位建立了志愿服务基地，以期通过绿化活动为祖国尽一份心，出一份力。

为了抢占一个个制高点，廖理纯在和时间赛跑。公益治沙，是廖理纯对生命“活法”的思考。决定投身公益治沙时，廖理纯就已把自己的余生制作成台历，每天撕一页，向死而生，思考着自己活着的意义、人生的价值，以及如何让我们的子孙后代在和谐的氛围中，在鸟语花香的环境中幸福地生活。

从商界精英到一名绿化志愿者，廖理纯的转型让身边的一些人很不理解，也让一些人心存敬佩。对于来自外界的不同声音，廖理纯只说了一句：“摩顶放踵利天下，为之。”

三、“弃商种树”，寻找生命的意义

在经商事业蓬勃向上的辉煌时刻，廖理纯选择离开，去寻找生命的另一种意义。他说，他之所以做出这个艰难决定，是受到了见多识广的外公的影响。

在廖理纯看来，做企业家，多他一个意义不大，挣钱再多也没有尽头，活着应该还有另一种意义，就是利他的观念。“我是撕着日历过日子的人，现在已经过了知天命的年纪，如果到 75 岁生命终止，算算只有 8 000 多天的时间了，时不我待。”廖理纯以只争朝夕的精神，鞭策自己不要虚度光阴。

廖理纯做出了一个又一个有悖常理的大胆决定，身边有些人摇头不解，还有些人遗憾叹息。谈起自己的感受，他清楚地记得：2018 年 10 月 13 日，第 334 批志愿植树队乘车从北京西二旗出发，沿京藏高速经延庆、怀柔前行。前半段路程，大家兴致勃勃地欣赏着窗外的秋色，但当穿越野狐岭隧道后，海拔陡然升高，坝上的荒凉景色取代了迷人的秋色，志愿者们没有了歌声，大家的心里就像压上了一块大石。廖理纯指着车窗外荒凉的山川说：“对北京来讲，这片沙地是否绿化，直接影响着首都的环境。”

这一次志愿者们赶赴的是 2013 年廖理纯带队在河北省张家口市张北县馒头营乡馒头营村盐碱地上建立的第二绿化基地。车上，他告诉大家：“张北防护林现在特别需要修补，大量的杨树已经因达到树龄而自然死亡。如果那些死树全部变成新树林，将有效阻挡侵入北京的风沙。”

十几年来，在他的鼓动下，一批批“德立墨芳”绿化志愿者团队走进浑善达克沙地，培育了松树、杨树、文冠果等超过 130 万棵树苗，“如果全部种出去的话，能覆盖几十平方千米。”廖理纯说。

在绿化基地，劳动之余，他经常默默地看着那些在微风中摇头摆尾的小树，目光中充满了爱意。有时，他一边抚摸着树枝，一边给新来的志愿者介绍："这是长了七八年的樟子松，这是落叶松，那一片是赤峰杨，还有榆树。"更多的时候，廖理纯一边给志愿者介绍绿化基地的树种，一边手把手，不厌其烦地指导如何剪掉多余的分枝，确保主干健康生长。"种树的树坑至少要保证 60 厘米深，坑的直径要在 40 厘米以上"，讲完种树的基本知识，廖理纯又带头挥起铁锹，建隔离围栏、松土、挖沟、打垄、施肥、浇水……

"剪枝的时候要齐根剪，千万别伤到主干；树坑一定要挖得深浅适度，种的时候注意不能伤了树根。"虽然已种了百万余棵树，可每一株树苗在初栽时，他仍会反复叮咛，担心初学者稍有不慎，伤害到幼树。在廖理纯眼中，每棵小树都像是自己幼小羸弱的孩子，需要百般呵护，生怕种不活、长不好。

多年来，无数个周五下午或周六上午，廖理纯带领志愿者们从北京出发，向着绿化基地进发，大干一场后，周日返京。目前已有 340 多批、1.2 万余人次的志愿者，随同廖理纯前往他建立起的三个绿化基地，种植了赤峰杨、新疆杨、樟子松、文冠果等 130 余万株苗木。志愿者们来自社会各界，他们当中有在校学生、公司职员、企业高管、学者教授，还有退休的老将军、老干部。有人猜测，廖理纯是不是在为发财积累资本？然而 2018 年 8 月，廖理纯却将内蒙古第一绿化基地南面部分的 20 万棵松树，无偿捐给了当地牧民和政府。"牧民只要拿着身份证，就能来基地免费领取 30～50 棵树苗带回去种植，没有任何条件！"20 万棵树苗，将近 8 年的心血，就这么捐出去了？

对此，廖理纯保持着清醒的思维，他说，志愿者的人数毕竟有限，教会牧民植树，将种树的理念植入人心更重要。同年，廖理纯的第四基地也已经完成选址。他梦想着有一天，"三北"地区广袤的沙地，都能变为"风吹草低见牛羊"的绿洲。

廖理纯的可贵之处，还在于他追求理念的不断创新，大力弘扬志愿精神。他在带领志愿者前往沙漠植树绿化的同时，更希望借此"绿化"广大志愿者的心灵。"中华民族是一个优秀的民族、无私的民族，我们需要捍卫祖先的荣耀，弘扬优良传统。”每次前往沙地，廖理纯一路上就像个孜孜不倦的布道者，给志愿者们讲沿途的历史，讲古人逐鹿中原的故事，讲抗日战争，讲无私无畏的民族精神。此外，每个志愿者都会领到一个印满了歌词的小册子，其中既有慷慨激昂的革命歌曲《革命人永远是年轻》，也有婉转悠扬的草原牧歌《敖包相会》。一路上，志愿者们歌声嘹亮，心潮澎湃。志愿者王金声已经 3 次跟随廖理纯走进张北植树，感受一次比一次深刻。他说：“以前的我总是埋头工作，对身边的事很少关心。今天，走进沙漠，挥锹种下了一份惦念，不仅让我学到了治沙知识，更明白了绿化的意义，也希望有更多的人把这份惦念留在抗击荒漠化的土地上。”

通过种树活动，廖理纯希望唤醒每个人心中的志愿精神与正能量。“志愿服务的奉献精神与奔赴远方修复生态的有机结合，形成了巨大的精神磁场，这样一种精神力量，存在于许多人的心中。志愿绿化，改变人生，提供了一个共振的平台，使纯净的精神得到升华。”每到深秋时节，即将来临的冬天让种树绿化暂告一个段落，可廖理纯依旧没有闲着，他组织读书会、公益讲座，带动更多的人理解志愿精神和奉献精神。休养生息，以利来春再战，就像汽车，进行保养加油后，再创辉煌。

“人最重要的是要有一种精神，每个人都应恪尽职守，守好自己的本分，这样国家才有希望。”廖理纯也有自己敬仰的偶像，融入他血液的是那些碧血丹心、侠肝义胆的典故。他坦言，自己要做的是和众多志愿者们一起弘扬志愿精神，唤醒国人心中的无私和善良。“我希望能绿化现代社会中，那些逐渐麻痹的人心中的荒漠。”这是他的愿望，也是他努力奋斗的目标。

四、再塑墨者情怀，义举为之以利天下

了解廖理纯的朋友都知道，他不仅种树，更想通过此举建立起人们

心灵的绿洲。作为中国墨子学会副会长的他，推崇墨子“摩顶放踵利天下”的思想，倡导大家要互敬互爱、互相帮助、团结奉献，要为他人着想，为后代着想，自觉履行社会责任，为社会创造更多的精神财富和物质财富。

他反对虚度光阴，他倡导和追求的人生理念是在有限的岁月找到生命的价值。用廖理纯的话说，能做企业家的人太多了，他要换个角度为人民服务。他把种树当作内心深处的追求与坚持，他说，“我还会继续坚持种树，和志愿者们一起，用双手把祖国的沙地变成绿洲，让子孙后代感受花海无边、绿树成荫的美景。”

2019 年 4 月中旬，廖理纯组织当年第一批志愿者去往绿化基地，开始新一轮的志愿服务，这一次新增树木 10 万棵，成活后可覆盖 4 000 亩的荒漠化土地。他的心愿很简单，希望让更多的人了解沙漠化，主动参与到志愿服务中来，当一颗行动的种子，建起人们心灵的绿洲。自 2005 年起，廖理纯已经带领 341 批、共计 9 000 余名志愿者奔赴张北和内蒙古半荒漠化地区进行义务植树活动，花费资金 2 000 余万元，植树 130 余万棵。

“我要让自己的人生更有意义，不想等自己干不动的时候，再后悔没有为社会多做一些贡献。”130 余万棵树木，将会覆盖 30 多平方千米的沙化土地，带来巨大的生态价值。相关数据显示，树龄达到 50 年的树木，其吸收二氧化碳、雾霾、防尘固沙的生态价值，将达到 19.5 万美元。在这 130 余万棵树中，多是树龄在 300 年的樟子松、落叶松，还有树龄上千年的云杉。廖理纯告诉记者，“这些树木树龄长，防风固沙效果好，成长期长”。“实际上每人一生种植 100 棵树是没问题的，成人礼种一棵、毕业的时候种几棵、结婚种几棵、家有喜事种几棵，只要人人都行动起来，实现这样的目标就不会远。”他屈指算来，充满激情。

十年树木，百年树人。就这样，廖理纯矢志不渝地带领着志愿者们一点一点地努力着。不懂种树方法，就向来自农学院、林科院的志愿者们请教学习；累了就扶着铁锹休息一会儿再接着干；有新的志愿者不熟悉如何挖沟，他就耐心细致地指导。

“防风固沙需要我们所有人的努力，我希望能将植树活动作为一个平台，呼唤更多的志愿精神。”在累计 9 000 余人参与的志愿者公益植树活动中，参与者的年龄差距悬殊，最小的还是小学生，最大的已近耄耋之年。节假日，廖理纯还会带儿子去植树，让孩子在耳濡目染中切身体会志愿精神。

谈到自己的人生目标，廖理纯直言：“或许我们做不到像塞罕坝那样成为生态环境教育基地，但我们会尽好我们的本分，但行好事，莫问前程。”绿水青山就是金山银山，廖理纯希望用行动呼唤每个人心中的正能量和奉献精神，为后代子孙保留下最珍贵的财富。

熟悉廖理纯的朋友都说他学习能力强，学问多。“处处都有学问”。工作后，廖理纯也一直没有终止学习：对经济感兴趣，便读了经济学硕士；思考生命的意义，就念了哲学博士。就连种树，廖理纯都要研究出门道来。他在《对抗荒漠化——反省我们的生态观》一书中有力回击了一些荒诞的生态观。一位朋友曾善意地劝廖理纯：“不要去沙漠种树了，沙漠也是很美丽的，不要去破坏沙漠。”听了这话，廖理纯很震惊，“沙漠是自然界被破坏到极致的产物。沙漠没有什么所谓的美丽，它是何等的危险！”

在这本书里，廖理纯结合自己种树的实践和体会，将植被与荒漠化的关系娓娓道来，呼吁大家建立正确的生态观，还谈及种树的必要性，以及一些人对绿化的误区，如“在草原种树是破坏草原”“种树会抽干地下水”“树带来风力降低而导致雾霾”等。多年来，搞科研出身的廖理纯种树也像做学问一样严谨——“剪枝要从枝干根部剪，剪完抹上土可以保护树上的伤口。剪了枝的树木才容易往上长，而且存活率也高。”“种樟子松树苗的坑得挖两锹宽，半米深，最多别超过 60 厘米的深度，树与树之间得留足五米距离，最少也得四米，不然等树苗长大了，会为了抢占养分而‘打架’。”

在许多场合，廖理纯呼吁更多的志愿者参与植树治沙，直接目的是对抗日益严峻的荒漠化形势，更深远的愿望则是“绿化人心”，带动更多志愿者加入绿化活动，传播志愿精神。这也是他想做的另外一件事，就是通过各种方式来提升人们的觉悟，增强社会责任感，从而带来一个令人期盼，令后人幸福的和谐社会。有人评价廖理纯追求的人生意义时写道：“读过的书，走过的路，做过的事，爱过的人，其实从来不会在生命中白白消逝。尽管昨日已经如露水一般消散，但岁月的故事，却会永远镌刻在生命的诗集中。”

每年植树节前后，都是廖理纯最忙的时候。有人不解：作为一个行业佼佼者，他不缺金钱，也不缺地位，为什么还要这样调整人生的节奏，把时钟的发条拧得越来越紧，让自己一直处于满负荷状态？廖理纯不以为然，他认为这样的人生才有值得书写的意义。放弃名利对他而言就像轻轻放走一只白鸽，名利的故事还在喧嚣，而他已转过身，走进了美化地球家园的故事里。这个故事里有绿色，有艰辛；有信念，也有梦想。

“除了赚钱，人生还应当有点别的东西”，他说，“当你离开世界的时候，起码有一件事是能让自己感到欣慰的，那会让你觉得你对自己的人生很满意。”时至今日，他还是十分推崇《钢铁是怎样炼成的》一书中的名言：“当一个人回首往事时，不因虚度年华而悔恨，也不因碌碌无为而羞愧……”

一个人，有了理论创新的底气，更应该有追求实践的勇气。走出办公室，廖理纯就把他的人生故事打开了一个新的格局。他的故事里，有苍莽无边、黄沙伴风的浑善达克沙地，有天苍苍、野茫茫的内蒙古草原，那些于大多数人而言如隔世般遥远的、贫瘠而淳朴的地方，都留下了他的绿色和他的传奇。

五、直面严峻的人生，走自己认准的道路

俗话说：天有日月星，地有水火风，人有精气神。廖理纯，就是这

样一个有精气神的男子汉。不要以为，提起公益事业人们就会一呼百应；也不要以为，倡导植树造林，绿化地球，改造沙漠，人们就会纷纷响应。别说在城市很多人对荒漠化危害没有清晰的认识，就是在沙漠周边地区，饱受沙害的牧民对廖理纯的义举也多采取观望的态度。“牧民一开始不理解我们，还以为我们是房产商。”提到困难的时候，廖理纯笑着说，“堵着路不让我们植树，十几个牧民把我们围在中间，就像要批斗我们一样。”他还兴致勃勃地描述了拦路的牧民小伙子：“一个个腰圆体壮，是真正能骑马射箭的草原汉子！”

笔者未曾身临其境，也没办法想象，在苍茫而陌生的大草原上，被十几个牧民围住是什么样的感觉。但是可以确定的是，这些丝毫没有动摇过廖理纯的内心。他说起这件事还很骄傲：“后来牧民们就知道我们是在做什么了，现在不但不会阻挠，我们不在的时候，他们还会积极地去保护我们的树。”

流言蜚语和困难挫折不曾缺席任何人的世界，但是于他而言，却如同芥子和尘埃，纷纷扰扰地落下，不曾改变什么。他的目标是治沙护林，但也不仅仅是治沙护林。他认为，人心的荒漠化比真正的荒漠更可怕。谈起这个，他面色凝重，“其实我们国家的制度已经很完备了，每年都会在环保上大量投资，但是阻止沙漠的侵袭，更重要的在于人心。”

愚者只知抱怨，庸者看到问题，而智者思考真相。他所希冀的，不仅仅是简单地植树，而是让每一位参与者都能感受到环境恶化的严峻挑战，并呼吁更多的人参与进来。这是他做公益背后，更深层次的思虑。

“中国的环保事业现在最需要的是教育。”他说，“环保不应该只是一个口号，更应该是根植于人们心灵深处的一种教养。每一个企业家都应该守住保护环境的道德底线，每一个青年人都应该具有维护环境的社会责任感，每一个单纯如白纸的孩子，都应该最起码懂得不要乱扔垃圾。”

有人说，绿色代表安宁，可是他的绿色就像是一片不动声色却包罗万象的大海。这大海不曾停止过奔流，就像他不曾停下思考。这绿色不曾急切，却终将流经全世界。我们每一个人，都听过环保的话题，都明白环境恶化的严峻，但是却很少有人把这些写进自己的生命里。生命太匆匆，及时行乐或许是一种态度，又何尝不是一种辜负？辜负了自己人生的价值，也辜负了后代的碧水蓝天……

春风拂柳的日子里，廖理纯和他的志愿者活动还在继续，这片从海淀区走出的绿色，逐步渲染着全世界。希望这篇故事能让更多的人看到，知道有一个人，挥动着铁锹，坚持为自己想要的世界投票；更希望的是，让更多的人懂得思考，思考人生，思考生命的价值。

2005 年，廖理纯第一次来到内蒙古浑善达克沙地，置身其地，却触动了他的心灵。当时，作为北京市人大代表，廖理纯参加了一次关于生态环境的考察。与了解到的“草长到两三厘米就被吃光了”的情况形成鲜明对比的是，一位老人大代表说的一句话，“以前在这儿骑完马，马镫子都会染上绿色。”这句话让廖理纯久久不能释怀。此后，团结更多的志愿者参与植树，成为了他最大的心愿。在恩格贝做志愿者期间，廖理纯感受到了国际志愿者劳动的标准化，他边用手比划着边说：“一个人一天能挖 70 多个坑，那么大捆的树苗。”

“这是咱们的土地，国际志愿者可以做到的事情，中国人理应做得比他们更好才是。”廖理纯开始号召身边的人奔赴库布齐沙漠种树。之后，廖理纯用了三年时间到全国各地的沙漠考察，去过漠河，也到过西藏，还跑到中国林业科学研究院请教专家……

是什么让廖理纯下了这么大的决心？他坦言：“当时的考虑很简单，给孩子的奶粉钱留下，企业交给同事打理，自己可以为治沙做一些力所能及的事。”虽然当时并没有具体的目标，但廖理纯种树治沙的行动却一直在进行着。

2011 年、2013 年、2017 年，三个绿化基地相继建成启用。廖理纯脚踏实地种树，一步步走来，脚步坚实，足迹清晰。至今，越是专注越停不下来。

“生态环境的恢复，不是靠说的，一定要做，而且要靠大家一起来做。”多年来，在适合植树的季节里，廖理纯几乎没有周末，周一到周五进高校、进企业、进社区，给学生、员工、市民宣讲环保理念，周六日则坐上大巴车和志愿者们一起去内蒙古或者张北植树。

认识的时间久了，和廖理纯熟悉的志愿者知道他种树一口气能干半个多小时。其实，对于他在事业蒸蒸日上之时选择弃商植树，投身公益事业，很多人不解，“你干这事儿，天天累死累活的，不赚钱，还要倒贴，图的什么呀?”廖理纯回答时，总是严肃而又认真：“钱永远都赚不完，对抗荒漠化不等人。”

廖理纯弃商种树更深层次的原因，是他对生命意义的思考。他不会忘记外公对他人生的启示——活着要有价值。

在他20岁上大学时，外公对他说，“一定要在年轻的时候，做年轻人能做的事。”在外公的鼓励下，上大三的廖理纯有了人生的第一次疯狂——用1个月的时间，从北京骑车到上海。当时他和同学共6人从北京出发，4人骑到了泰山，1人骑到了南京，只有廖理纯到达了终点——上海。

外公也经常和廖理纯聊生死：“平凡的死没有意义，莫若战场马革裹尸还。”廖理纯清楚地记得，外公最爱讲古今义士的事迹，荆轲、文天祥、谭嗣同、董存瑞……这些英雄都是老人敬重的榜样。他们将大义置于首位，甚至不惜牺牲自己的生命。讲到激动时，外公还会大声吟诵，“风萧萧兮易水寒，壮士一去兮不复还!”

在爷孙俩你一言我一语的日子中，外公曾谈到自己的人生感悟。他说，“人生不过是一个交棒和接棒的过程，把自己毕生的心得留给后人，让他们从中受益，得到启发，少走弯路。这不是很有意义的事吗?”

当时的廖理纯还年轻，并不能完全体会其中的含义。直到91岁的外公离世时，廖理纯才真切意识到人生是有尽头的。廖理纯的成长一直是无忧无虑的。从小就成绩优异的他由清华附中考入北京航空航天大学自动控制系。大学毕业后，廖理纯并没有像父亲那样投身航空航天事业，而是在我国科技创新的浪潮中，进入联想公司，从一名基层员工做起，24岁升任联想集团广州分公司总经理，成为当时柳传志“门下三杰”之一。

廖理纯坦言，柳传志看重他的原因是“遇事不怕，能够站出来”。或许换句话说，只要廖理纯认准的事就会去做。

“我需要让生命精彩一点。”廖理纯时刻牢记着自己的座右铭。随着人生阅历日益丰富，他看清了目前的社会需要什么，缺少什么，应该提倡什么。“年轻时觉得挣钱非常有成就感，但过了不惑之年，这种成就感就淡了。”

廖理纯开始像哲学家一样思考生命的意义，提醒自己不能虚度光阴。后来，两位好朋友的相继离世，使廖理纯对生命的感悟又加深了许多。“都是四十多岁的年纪，非常优秀的人才，突然间就离开了人世。”一位在空难中去世；另一位突发疼痛就医，第二天就离开了人世，朋友父母受不了白发人送黑发人的痛苦，委托廖理纯替他们料理后事。

从火葬场回来后，痛苦的他把自己锁在房间里思考应该怎样面对生死，也反复琢磨着外公曾说过的话。为参悟生命的意义，廖理纯与很多人探讨过生与死的问题，并把自己的心得写在了《何以无所畏惧》一书中。

在这本书里，廖理纯道出了对生死的感悟：生命就像一朵鲜花一样，花开无常，花落无常。历史的长河中，人的一生只是昙花一现，精神将使人类摒弃自私与狭隘，变得崇高而伟大，赋予人性光荣和骄傲的光环。人们在追求物质的同时，也应该知晓精神的力量。既然人生无常、时光飞逝，我们就一定要珍惜每一天，即使朝生暮死也要实现生命的意义。

了解了死亡，人会变得更加坦荡与诚实。

“人的一生有好多事可以做，挣钱只是其中的一件。致力于环保公益，我的人生会更加精彩！”每当把鼠标定格在与志愿者一起种树的照片上时，廖理纯都会感叹，“能留下美好记忆的人生才是有价值的”。

种树，绿化地球，让廖理纯感到幸福。

“这件事就算再过 200 年、300 年仍然非常有意义，这是能够造福后代的事。”廖理纯坚信，“当一件事变成一种渴望、一种信仰的时候，人们就不会为周遭的声音而改变”。

作为北京市政协委员，廖理纯多次提交与环保相关的提案，持续为生态文明建设发声。2016 年，他提交了《北京加强山地造林，吸收雾霾中的 PM2.5》的提案，建议测算北京可种植山地的面积，大力发展山区造林。2017 年，他提交了《用四季常青的树种替代冬天落叶树种》的提案，“这主要是因为北京的冬天比较冷，很多树木到冬季叶子都落光了。而树叶可以起到降尘的作用，所以种植四季常青的树木更有利于城市的环保”。2019 年北京市政协全会上，他呼吁在风道建设中尽量减少对树木的破坏，建议“再次论证树木是否会影响北京空气的流通，如果一定要建设风道，也请将风道中的树木进行合理移栽”。

此外，廖理纯近年来提交的提案和社情民意信息，关注的话题更为宽泛，有出国礼仪培训、医师与教师应通过文明考试、对多孩家庭实施减税等。

很多人与廖理纯从陌生人变成了朋友，不仅因为喜欢和他一起种树，还因为喜欢听他漫谈，谈历史、聊电影、讲中庸……

除了种树，廖理纯最大的爱好就是写作，经常凌晨 4 点就开始写。“写作可以把思想沉淀下来”。正是这种沉淀，让廖理纯在前行的路上，更多了一份坚定和执着。

从 2006 年开始，廖理纯以一年出一本书的速度，推出了《强国之道》《兴农论》《国力方程》《当前经济解决之道》等 12 本书，内容涉及经济、农学、教育学等。

写书不是目的，而是手段，目的是提高人们尊重自然、了解自然、美化自然的觉悟。廖理纯带领志愿者植树治沙，直接目的是对抗荒漠化，更深层次的愿望是“绿化人心”。那么问题来了，有不少人曾问廖理纯，种树为什么不雇用当地人，却要自掏腰包，拉着大城市的志愿者去荒漠种树？他甚至被人误解做这件事是为了钱，为了名。

其实廖理纯这么做的原因很简单。在他眼中，热心公益的志愿者是

“并肩作战的战友、志愿精神的接力人、正能量的传递者”。他希望每名志愿者都能在短短两天的体验过程中升华为传播志愿精神的“种子”，由此在各自岗位上带动更多的人为国家多做服务。

跟廖理纯一起种过树的人都知道他爱树。当他看到基地上的树苗长高时，那种喜悦之情，就像父亲看着茁壮成长的孩子一般。廖理纯也把这种爱传递给了志愿者们。志愿者李晓娣说：“为沙漠增加绿色，让我受益匪浅。我在浑善达克沙地上种下了 20 棵树，也留下了我的思念和牵挂。”这也是很多志愿者的心声。

让廖理纯欣慰的还有，“有些孩子跟着父母来参加完种树活动后，回北京会主动捡垃圾，表现特别好。”

“我们每次种树回来都会分享感受。之前很多志愿者不明白为什么我要种树，回来之后他们都理解了。”让人欣喜的是，这些来自五湖四海的志愿者，有的因为种树增进了沟通，有的还因为种树而相识相知，最后喜结连理。

这些志愿者来自各个领域，大多是廖理纯通过参加的社会活动相识并动员来的。他的社会职务众多：北京市政协委员、中国墨子学会副会长、北航经济管理学院 MBA 社会指导导师、北大中国金融研究中心证券研究员、北京绿化基金会副理事长、国家二级心理咨询师……2016 年，时任北京市政协主席吉林曾带领 60 多名市政协委员到他的绿化基地植树 1 000 多棵。

大爱无疆，践行天下。作为公益践行者，廖理纯无私奉献、执着追求，获得了北京市最美义工、“2014 北京榜样”、第五届首都道德模范、2016 全国最美志愿者等荣誉。在生态环境部、中央文明办联合举办的 2019 年“美丽中国，我是行动者”主题活动中，廖理纯当选为“百名最美生态环保志愿者。”这些荣誉在廖理纯看来，不是属于他个人的，是属于所有的种树志愿者的。

一直以来，廖理纯非常想做的一件事是——推动每位公民一生为国家种活 100 棵树。“如果此生能够将这个目标向前推动一点点，就是死而无憾。”廖理纯希望自己的儿女，志愿者的儿女们，能够一代一代将志愿精神传递下去。

对此，廖理纯也是信心满满。信心从哪里来？来自廖理纯身边的志愿者。松布尔是浑善达克沙地的一位牧民，也是一位志愿者。他告诉廖理纯，他的一生都将奉献给治沙还绿，他的儿子阿木旦也将继承衣钵，世世代代守护祖国的绿洲……

“只要人人都付出一点爱，世界将变成美好的人间……”夜色中传来的歌声，优美动听。

初春的傍晚，笔者结束采访，离开廖理纯的居所，吹拂着有些凉意的晚风，行走在圆明园遗址公园附近的小路上，遐想岁月的时空。一百多年前，这里发生了什么？八国联军火烧圆明园，给我们的今天留下了什么？今天，为了中华民族的复兴，我们的前人付出了什么？多少仁人志士，前赴后继做了什么？一百年后，又将发生什么？还有人记得我们吗？薪火传承，不朽的只有大地和天空！那么，你的一生为大地留下了什么？一棵草？一棵树？还是一粒沙？

莫负时光好年华，
挥锹栽树美天下。
台历撕尽精神在，
一枝一叶媲中华。

图书在版编目(CIP)数据

平凡中的力量：2014北京榜样人物礼赞/首都精神文明建设委员会办公室编. —北京：北京师范大学出版社，2021.12
(北京榜样人物系列图书)
ISBN 978-7-303-25399-9

Ⅰ. ①平… Ⅱ. ①首… Ⅲ. ①精神文明建设－人物－先进事迹－北京 Ⅳ. ①D648

中国版本图书馆CIP数据核字(2019)第280969号

营销中心电话 010-58802181 58805532
北师大出版社科技与经管分社 www.jswsbook.com
电子信箱 jswsbook@163.com

出版发行：北京师范大学出版社 www.bnupg.com
北京市西城区新街口外大街12-3号
邮政编码：100088
印刷：北京玺诚印务有限公司
经销：全国新华书店
开本：710 mm×1000 mm 1/16
印张：12.5
字数：178千字
版次：2021年12月第1版
印次：2021年12月第1次印刷
定价：59.80元

策划编辑：陈仕云 责任编辑：陈仕云
美术编辑：李向昕 装帧设计：李向昕
责任校对：陈 民 责任印制：赵 龙